0年問題を
える
介護事業経営

島田雄宇
SHIMADA YUU

幻冬舎MC

はじめに

２０４０年は介護事業者にとって、生き残るか淘汰されるか、運命が決まる年といっても過言ではありません。

日本は２０４０年に多死社会を迎えるといわれ、国内の死亡者数は高齢化に伴い年々増加しています。２０４０年には年間約１６８万人、１日あたり約４６００人が死亡すると推定されているのです。これは１９８９年の死亡者数（約79万人、１日あたり約２２００人）の2倍以上です（厚生労働省「令和2年版　厚生労働白書」）。

現在は多くの人が病院で最期を迎えていますが、多死社会になれば病床数が足りず、重症度が高い高齢者が自宅や施設で最期を迎えるケースが激増すると予想されます。そのため２０４０年には訪問看護など医療サービスを提供できる事業者が求められ、軽度生活援助などに偏った介護サービスのみを提供する事業者は集客に苦戦するようになるはずです。また現在の介護業界では人材不足が問題になっていますが、２０４０年には少子高齢化がさらに進行すると予測されており、事業者は人材の確保がますます困難になっていきます。

これらの問題を乗り越えるために、事業者は将来に向けて早い段階から経営を見直し、事業の転換や拡大を行ったり人材確保・育成に力を入れたりする必要があります。現在の介護業界には2040年問題に対して何の対策も講じていない事業者が多いのですが、そのような経営の見通しが甘い事業者は2040年を生き残ることができないといっても過言ではありません。今後生き残ることができるのは、将来を見据えた経営ができる、つまり経営力のある介護事業者なのです。

私は2015年に兵庫県の淡路島で介護サービスを提供する会社を立ち上げました。現在では訪問看護やリハビリ、通所介護、デイサービスなど幅広い事業を展開しており、売上も年々増加しています。私が順調に事業規模を拡大させることができたのは、早い段階で経営と運営を分けて考え、自分は経営に専念したからだと考えています。介護業界では「利用者をなんとか支えたい」という思いが強いあまり運営に力を注ぎ過ぎてしまい、利益や事業の将来性を考えるといった経営面について見通しが甘い経営者がほとんどです。その経営者の見通しの甘さが原因で、事業の存続が困難になり倒産に追い込まれる事業者も多くいます。一方で、私は現場の運営をスタッフに任せて自身は組織づくりや地域のニーズ・自社の強みの分析、しっかりとした事業計画の作成などに努めるようにしました。その結果、きちんと利益を出せるような事業展開を行えたのだと思います。

これまでの経験から私は、介護事業においては経営者が経営に専念することと、会社に経営者の右腕となる№2をおくことが重要だと確信しています。

介護業界には経営者と現場の距離が近い事業者が多いのですが、それが経営に悪影響を及ぼす可能性があります。例えば今いる利用者により良いサービスを提供しようと思い、従業員の負担や利益を度外視して新たな取り組みを始めてしまうといったケースです。利用者本位で考えることが悪いとはいいませんが、経営者が目先の問題だけを見て行動すると従業員の離職や売上の低下を招き、将来的に事業が立ち行かなくなるといった事態につながりかねません。そのため経営者は現場と距離をおき、運営はスタッフに任せて自身は経営に専念するべきなのです。

また介護業界では経営に携わるのは経営者のみというケースが多いのですが、そのような事業者は将来事業が立ち行かなくなる可能性が高いと考えられます。経営者が誤った判断をしても軌道修正できずにそのまま進んでしまったり、不測の事態が起きた際に経営者一人で対応しきれなかったりする恐れがあるからです。しかし経営者とともに会社の経営に携わり、時には経営者に意見をする№2がいればそうした事態は避けられます。実際に私は会社に№2をおき、彼の意見を取り入れながら経営を行うことで、順調に会社を成長させることができました。

経営者が経営に専念する環境をつくること、会社に№2をおくことの重要性を理解したうえで経営を見直すことができれば、自ずと2040年問題を乗り越えられる介護事業者へと成長できるはずです。

本書では私自身の経験を踏まえ、介護事業において経営者がどうあるべきかということや№2人材の育成について解説したうえで、売上を伸ばし経営を盤石なものにするための事業拡大戦略を紹介します。本書が多くの介護事業者にとって、2040年を生き残るためのヒントを得られる一冊となれば幸甚の至りです。

2040年問題を乗り越える介護事業経営　目次

［第2章］

「奉仕の心」だけでは生き残ることはできない

事業の存続は経営者マインドがカギを握る

［第3章］経営者は現場と距離をおきマネジメントに専念する
重要なのは右腕となる№2の育成

［第1章］

介護業界を待ち受ける2040年問題
多死社会に備えた経営をしなければ
事業者は生き残れない！

介護事業者が直面する2025年問題

日本では「2025年問題」が間近に迫っています。これは団塊世代と呼ばれる第1次ベビーブーム（1947〜1949年）に生まれた人たちが軒並み後期高齢者（75歳以上）となることで起こる問題を指します。高齢者が増えると当然介護を必要とする人口も増加するため、現在の介護業界ではこの2025年問題に注目し、準備を進めている事業者が多くなっています。

これまでは人口に対して高齢者が占める割合の急激な伸びが高齢化の問題として取り上げられていましたが、2025年以降で問題になるのはむしろ、高齢化の質的な変化です。長寿命化や医療の高度化により、75歳以上の後期高齢者の割合が高くなっていきます。

2015年に団塊世代が前期高齢者（65〜74歳）に到達しました。したがってその10年後の2025年には後期高齢者の仲間入りを果たします。2020年頃は前期高齢者と後期高齢者の割合がおよそ半々だったところが、2025年には前期高齢者が約1500万人、後期高齢者が約2200万人と、差をつけて多くなっていきます。

加えて問題となるのが、生産年齢人口（15〜64歳）の減少です。生産年齢人口のピークは1995年頃の約8700万人ですが、2025年には約7200万人と1500万人も減るとみられています。後期高齢者人口が同じ期間に約1500万人増加するので、介護される側と介護する側の人数がそっくり入れ替わった状態です。さらに人数が増えればそれだけ認知症などを患う高齢者も増えていきます。

2025年は、医療・介護を必要とする後期高齢者が爆発的に増えるなか、深刻な担い手不足が起きる分岐点を示しているといえるのです。

多死社会に突入し介護激戦時代を迎える2040年

さらに問題が深刻になるのが2040年です。向こう30年の人口動態は、介護の担い手となるべき現役世代――15〜64歳の生産年齢人口――が恐ろしい勢いで減少していき、需要に対する供給が追いつかない事態となることを示しています（総務省「平成30年版 情報通信白書」）。2025年からはこの現象に拍車がかかり、2040年までのわずか15年の間に、生産年齢人口が約7200万人から約6000万人へと、1200万人も減少します。これまでにない減少スピードで、深刻な労働力不足に直面する恐れがあります。現役世代の減少で税収が減り、社会保障制度や自治体サービスが深刻な機能不全を起こしたり、電気や通信、ガス、水道、道路交通といったインフラが維持できなくなったりする可能性すらある、それが「2040年問題」の一つの側面です。

もう一つの側面、高齢者の状況を見てみると、高齢者人口の増加は緩やかに天井に近づき、死亡者数がピークを迎えると予測されています。年間の死亡者数が最も多くなるのは2040年頃で、年間で約168万人、1日あたり約4600人が亡くなるとされているのです。これは、平成が始まった1989年の、年間約79万人、1日あたり約2200人の2倍以上にもなり「多死社会」への突入は看取りを前提とした医療・介護のあり方が問われる時代となるのです。

このように説明すると、「多死社会では要介護の高齢者の割合が多くなるはずだから、介護業界は稼ぎになる」と考える事業者もあるかと思います。しかし、実際のところはその逆です。介護の担い手が不足しているため、事業所を立ち上げても従業員が集まらず、介護依頼者は殺到しているのに人手が追いついていない状態になると考えられます。従業員を募集するためと安易に求人票の金額を上げることは、経営の圧迫につながります。また、初めから給与を高く設定し過ぎてしまい上げ幅が小さくなってしまえば、人材は定着することがありません。そもそも適切な人事考課システムを採用していない事業所が多いことも問題だといえます。

こういった状況下では従業員への負担が増えてしまい、耐えきれなくなった人たちが次々と退職してしまうことも考えられますし、それでも無理やりサービスを提供すれば質はどんどん下がる一方です。サービスの質が下がれば当然利用者からの評価も下がっていきます。気づけば引き合いがなくなって淘汰されてしまうといったことが起きても仕方ありません。介護業界はまさに今、「介護激戦時代」に突入しているのです。

さらには、長寿化や健康寿命の延び、医療技術の進展が続きます。高齢者は、これまで以上に健康な状態が長続きすると考えられ、介護保険制度を使った支援の出番となるのは、高度な医療的措置が必要となる「最期のとき」が標準になっている可能性すらあるのです。

2040年の先も困難は続く

本書では「2040年」を一つのポイントに据えて介護ビジネスのあり方を展望していきますが、頭の片隅にはさらに15年先の「2055年問題」も入れ、将来を見据えていく必要があります。2040年以降も、生産年齢人口が急速に減少するなかで後期高齢者人口が増加し続けるという問題が残るからです。

2055年には、第一次・第二次ベビーブームの世代の人たちがすべて後期高齢者となり、後期高齢者の人口がピークを迎えます。その数はおよそ2500万人で、前期高齢者を含めた高齢化率は38%となって3人に1人以上、後期高齢者の割合は25%で4人に1人以上となります。出生率は低いままにとどまり、総人口の縮小は止まりません。死亡率は右肩上がりが続くはずです。

生産年齢人口は約5000万人になると想定されており、現役世代の2人で後期高齢者1人を支える超高齢社会になって介護される側と介護する側のもつ問題が顕著に浮き上がる時代がやってきます。

まもなく到来する「2025年問題」に注目が集まる今のうちにこそ、「2040年問題」や「2055年問題」を意識した介護事業策を打ち出しておかねばなりません。労働人口の減少に伴う人材確保や介護報酬というパイの奪い合いに負けてしまい、倒産の憂き目に遭う事業者が続出する時代はもうすでに始まっているのです。

高齢者の定義が変わる

後期高齢者の人口の割合が増加する一方、生産年齢人口の割合は減少するため、現在の社会保障制度では支援しきれない医療・福祉の現場が増えている可能性があります。

総人口が減り、特に社会を支える年齢層が激減する状況ですから、税収は当然大きく落ち込んでいくはずです。保険制度についても、現在の考え方のままでは負担能力に限界があります。国や公共団体、保険組合などの財政が回らなくなり、社会保障のあり方が大きく変容する可能性があります。少なくとも、支える範囲の定義を見直すことが必要だと考えられます。

実は「高齢者」の用語は、文脈や制度ごとに対象となる範囲が定められており、統一した定義は設けられていません。２０１８年に閣議決定した「高齢社会対策大綱」では、便宜上、高齢者という言葉が出てきますが、統計や特定の制度の定義以外のところは、概念としての一般的なお年寄りの意味合いで用いられており、「高齢社会白書」のなかの用語も、「高齢社会対策大綱」と同様の用い方をしています。

高齢者の定義と区分については、日本老年学会と日本老年医学会の「高齢者に関する定義検討ワーキンググループ」が検討してきました。２０１７年3月に公表された報告書では、近年の心身の老化現象に関するデータの経年的変化を見ると、現在の前期高齢者に相当する65～74歳では、心身の健康が保たれ、活発な社会活動を行っている人が大多数を占めていることから、75～89歳を「高齢者　高齢期」と区分し、高齢者の新しい定義を設ける提言が発表されています。また、２０１４年度の内閣府の意識調査によると、一般的な「高齢者」のイメージは70歳以上もしくは「年齢で判断できない」とする回答が9割近くを占めています。

こうした状況を踏まえ、２０１８年の「高齢社会対策大綱」のなかでは、「65歳以上を一律に『高齢者』と見る一般的な傾向は、現状に照らせばもはや、現実的なものではなくなりつつある」と示しています。当然ながら、高齢者に対する介護のあり方も今後大きく変わってくる可能性があるわけです。

医療・介護は「病院完結型」から「地域完結型」へと転換する

２０４０年を見据えた対策は、国の省庁レベルではかなり踏み込んだ検討も進んでいます。厚生労働省「２０４０年を展望した社会保障・働き方改革について」では、誰もがより長く元気に活躍できる社会の実現のために、「多様な就労・社会参加」「健康寿命の延伸」「医療・福祉サービス改革」「給付と負担の見直し等による社会保障の持続可能性の確保」の取り組みを進めるとしています。

高齢者の定義すら変えてしまう必要があるほどの「超々高齢化社会」では医療・介護は病院から地域へと転換し、地域ごとにさまざまな関係機関が連携してネットワークをつくり、総合的な生活支援サービスを提供する現場重視のスタイルが求められます。

すでに診療報酬の改定や医療計画などは見直しが進められています。２０２５年問題、さらには２０４０年問題に向け、医療・福祉の政策は大きく変革され、介護業界をとりまく外的要因は着々と変容する見込みです。例えば、社会保障制度改革国民会議の報告書では、大きな方向性をもつ分野として「子ども・子育て（少子化対策分野）」「医療・介護」「公的年金制度」を打ち出しており、高齢者を巡る介護を重要視しています。そして「医療・介護」の領域では、「病院完結型」から、地域全体で治し支える「地域完結型」を目指した方向性を掲げています。

これは、地域の病床や在宅医療・介護の充実に向けた対策はもちろん、治療を受ける患者の意向や生活実態に合わせたサービスを継続的に提供するためのネットワークの構築を目指すといったものです。

これらの方向性を踏まえた具体的な介護の改革としては、医療・介護サービスの提供体制の見直しや連携の強化、さらに在宅医療・介護の推進をはじめとした都道府県の役割強化、医療法人制度・社会福祉法人制度の見直しなど地域の実情を考慮しながら改革を行っていくとしています。

２０４０年問題に対応する社会保障制度の改革は、これまで以上に「病院から地域へ」の転換が進み、医療機関と地域の介護事業者との連携強化が必要とされているのです。

医療・福祉サービスのシステム改革が起きる

今後の利用者の激増を予測して、介護業界でも効率化を目指した技術革新が進んできています。厚生労働省が科学的な裏付け（エビデンス）に基づいた質の高い介護を利用者に提供することを目的として科学的介護情報システム「ＬＩＦＥ」を２０２１年４月から運用し始めました。

ＬＩＦＥに、利用者の状態や介護施設や事業所などで行っているケアの計画・内容などを入力すると厚生労働省までデータが送信されます。こうして集められたデータは分析され、その結果が事業者へフィードバックされるようになっています。さらに全国からデータが集められるため、介護のアセスメント（評価や査定）を統一することができるようになりました。共通の指標ができることで科学的エビデンスに基づいた介護を提供することができ、品質の向上も実現するツールとして今後の活用が期待されています。２０２１年

3月末時点で約6万事業所がIDを登録しており、エビデンスとして十分といえる事業所数がすでに登録しています。

さらに介護施設においては配置人数も規定があります。厚生労働省が定める基準では、介護老人保健施設（サテライト型介護老人保健施設も含む）では介護職員は常勤換算で3対1以上、さらに看護職員や生活相談員をはじめとしたスタッフにも配置人数に基準が定められています（厚生労働省　令和2年「介護老人福祉施設〈特別養護老人ホーム〉の報酬・基準について〈検討の方向性〉」）。人材の確保をしないとそもそも運営が成り立ちません。

さらにLIFEは、2024年の介護報酬改定に向けて新システムへの移行が予定されています。訪問サービスと居宅介護支援もLIFEに位置づけられ、医療のデータベースも連動させるなど、介護事業でも、DX（デジタル・トランスフォーメーション）が始まっているのです。

また情報システムだけではありません。厚生労働省では医療・福祉サービスの改革プランとして、2040年時点で単位時間あたりのサービスの提供量を5％（医師は7％）改善するため、ロボットやAI・ICT、データヘルス改革（いわゆるDX）など科学技術の実装を強化しています。また、人材の育成や組織マネジメント改革、経営の大規模化・協働化による取り組みも推進するとしています。

特に介護分野では、2018年度の「介護現場革新会議」において整理した方向性を基に、介護の業務仕分け、元気な高齢者の活躍、ロボット・センサー・ICTの活用を進め、介護業界のイメージ改善を行うパイロット事業を展開しているところです。また、専門職の支援人材の確保を図るとともに、介護事業のマネジメントに関して「小規模法人のネットワーク化による協働推進事業」による法人間連携を推進させ、地域内での関係機関の組織再編に向け、合併、事業譲渡、法人間連携のガイドラインを策定するとしています。

介護事業者の淘汰はすでに始まっている

介護業界を巡る日本社会全体が高齢化や多死といった課題を抱え、社会のあり方も、保障制度も大きく変わろうとしています。介護業界の状況は厳しさを増し、介護事業者の淘汰はすでに始まりつつあります。

東京商工リサーチの発表によると、2022年の「老人福祉・介護事業」の倒産は、前年比で76・5%増加し、介護保険制度が始まった2000年以降で最多を更新しました。従業員規模でいうと、10人未満の事業者が8割以上を占め、小規模事業者の危うさが目立ちます。

倒産が急増したのは、新型コロナウイルス感染症拡大により、感染防止対策のコストや利用者の利用頻度の減少、外出制限による需要の減少などがあります。加えて、これまでの介護報酬のマイナス改定や人手不足、新規参入者増による競争激化などが追い打ちをかけました。2021年はコロナ関連の資金支援策などがあったため減少に転じていたのですが、その反動が出て大幅な増加になりました。

これからさらに厳しくなります。3年おきに改正されている介護保険制度の次の改正は2024年です。利用者負担の見直しや地域支援事業のあり方の見直し、軽度者向けサービスの地域支援事業への移行などが検討されているほか、2024年度からは、介護事業においても財務諸表の公表が義務化される予定です。介護サービス事業者が自らの経営状況を的確に把握し運営を行う姿勢がこれまで以上に問われることになります。

介護事業には保険制度という「ガラスの天井」がある

介護事業では、当たり前過ぎて見落としがちな点があります。保険制度の範囲のなかでお金が動く仕組みであるということです。

介護保険制度で扱われているお金は、診療報酬債権です。病院や介護事業者が保険者に対し、実施した措置について定められた保険診療報酬を請求するわけです。診療報酬は一般的なビジネスの売掛金に相当しますが、ここで注意が必要なのは、診療報酬債権を行使することができるのは有資格者だけである点と、診療報酬が一部を除いてほぼ全国一律である点です。いくら気持ちがあって創意工夫しても資格のない事業者が介護できるものではありません。

介護の業界にいれば当たり前の話をあえて持ち出したのには理由があります。介護は医療に比べ、一般の人の日常的な行為と似通っている点がとても多くなります。専門の事業者であるという認識が薄れ、余計に運営を難しくしてしまう可能性があるのです。

病気になったときに適切な資格をもった医者のいる病院に行くように、介護を必要とする人は、適切な資格をもった介護事業者を訪ねてきます。要介護の高齢者が増えるのだし、誰でもいいから人を集めておけば受け入れられるというわけではないのです。専門的な人材の育成と配置、効率的な取り回しが欠かせません。

介護保険制度には、もう一つ注意点があります。保険の制度ですから、全体としての上限が決まっているということです。介護報酬は、被保険者から徴収した保険料を分配しているに過ぎません。要介護の高齢者が極端に増えても、保険料の値上げにも限界があるため、介護報酬が今より下がったり、今と異なるものに介護報酬の重点がおかれたりすることは十分考えられます。

物価事情も、自社の工夫などもほとんど考慮されず、業務の点数に応じて定められた報酬が一律に支給され、さらには制度が変わるとその報酬額さえも勝手に上下します。稼ぎの部分を自力でコントロールできないのが介護業界の金銭事情です。この点については一般のビジネスと大きく異なる要素といえ、だからこそ、一般企業以上に経営へのセンスが必要になってくるわけです。

制度上の制限があるからこそ、人材確保が肝になる

介護施設においては、配置人数にも規定があります。厚生労働省が定める基準では、介護老人保健施設（サテライト型介護老人保健施設も含む）の介護職員は常勤換算で3対1以上、さらに看護職員や生活相談員をはじめとしたスタッフの配置人数にも基準が定められています（厚生労働省　令和2年「介護老人福祉施設〈特別養護老人ホーム〉の報酬・基準について〈検討の方向性〉」）。人材の確保をしないと、そもそも運営が成り立たないのです。

そのうえ収入アップをするためには、報酬が一律に定められている介護業界において良質な顧客獲得のための営業力が必要になります。しかし配置人数が決まっている介護施設では、施設の運営をまず大前提とした専門職を雇ってから初めて営業ができる人材も集めなければなりません。もちろん介護職をメインとしながら営業もできる人材が採用できればよいですが、この人材難においてそういった人が確実に採用できるかどうかは非常に難

しいと思います。

しかし一方で介護の経験が豊かですぐに現場で活躍できるノウハウをもった人と、介護業界に入ったばかりでこれから育成が必要な人の2人がいたとします。2040年を見据えた経営、そしてこの先の時代に取り残されないようにするためにどちらか1人を採用するのであれば、将来性を考慮して介護業界の経験が浅い人を育てるほうが得策であると私は考えています。

それはなぜかというと、経験豊かな人を採用しようとするとスタート時点から高い給料が必要ですし、さらに昇給なども考慮に入れなければなりません。すると年々人件費率が上がってしまい、雇用の維持に苦労する可能性もあります。途中で給料を下げることも解雇もできず、かといって余裕がないからと給料を据え置いても従業員側のやる気をそいでしまいます。職場に対する不満を抱え、悪評をたてて辞めていってしまうことも考えられます。

サービス内容に応じて報酬が一律であり、さらに上限が決まっているという介護業界特有の特徴を踏まえれば、一定の水準を満たした業務がひととおりできればそれで十分です。10年選手のベテランを高い給料で採用してすぐに息切れするより、経験のごく浅い人を採用して10年育てたほうがあとあとプラスになります。その場しのぎの運営をするよりも、長い目で運営を続けていくために経験の浅い人たちが魅力的な採用先と感じてくれるよう、育成制度や福利厚生などを充実させていくほうにコストをかけたほうが、持続可能な事業所となるのです。

もちろん、雇用に余力があれば、ベテランの介護スキルは事業のクオリティーを引き上げてくれる大切な戦力となります。介護のノウハウを蓄積させていく意味でも貴重な存在ですし、特に専門的な資格の保有者は魅力的です。このあたりは、まさに経営者としてのビジョン――自社をどのような事業所にしていきたいのかというブランディングに関わってくる話です。

このような採用・育成といった人材確保は、深刻な担い手不足が本格化する2025年からますます重要となり、また困難を伴うものになってきます。気持ちだけでは運営できない、ビジネスの感覚をもった介護事業の経営が問われるようになっているのです。

［第2章］

「奉仕の心」だけでは生き残ることはできない事業の存続は経営者マインドがカギを握る

2025年問題を生き残る介護事業者になる

爆発的に増加する高齢者の介護報酬を目当てに安易に参入した事業者と、介護を必要とする人たちへの使命感や情熱に突き動かされて起業した事業者、両極端ですがどちらも介護をビジネスととらえず見通しの甘い運営になっている点は共通しています。一般のビジネスで起業する際には事業計画を立てることが当たり前なのですが、それすらまともにできていない事業者もいます。飲食業や小売業同様、社会に浸透するサービスなのに、介護事業では経営マインドが働きづらいのが現状です。

私の運営する会社は現在、兵庫県の洲本市を拠点に淡路島全域、神戸市、明石市、伊丹市で訪問看護サービスを展開しています。訪問看護ステーションを3カ所、デイサービスセンター、児童デイサービス、居宅介護支援事業所、障がいの相談支援事業を各1カ所設置しています。また、事業としては訪問看護（訪問看護ステーション）、通所介護（デイサービスセンター）、居宅介護支援（居宅介護支援事業所）、障がい者支援（児童放課後等デイサービス）、障がい者相談支援（障がい者相談支援事業所）、コンサルティング、医療・介護用品開発、派遣に取り組んでいます。8人で始めた従業員数は約70人となりました。

立ち上げた初年度の半年間から黒字化に成功し、売上高では、初年の2015年度は半年で3000万円だったところ、翌2016年度は9700万円、その次の2017年度は1億7000万円と速いペースで伸びていきました。その後、2018〜2020年度に2億円台で推移したあと、2021年度は3億円台、2022年度は4億円台と、コロナ禍でも事業拡大を続け、ここ3年ほどは年に1億円ずつ売上を伸ばしています。近い将来には10億円規模を視野に、事業展開を続けています。

このような事業所の運営ができているのも、介護事業に経営マインドを取り込み、ビジネスとしての運営を徹底させてきたからなのです。

情熱だけの介護事業は頭打ちになった

私は1978年、淡路島に生まれました。両親と妹、弟の5人家族で、3歳離れた妹が重度の脳性麻痺だったため、物心ついたときから生活のなかに介護がありました。

高校卒業後は、家庭状況の影響もあり、3年制の理学療法士養成学校に進みました。卒業間近の頃、妹が重篤な状態になったことがあり、淡路島へリターンし、県立病院で経験を積み上げたあと、さらに地元に貢献する形で自分なりの手応えを感じながら事業展開したいと考え、県立病院を退職し、仲が良かった看護師や弟と一緒に会社を設立しました。会社の名前である「あかね」は妹の名前から取っています。事業内容は、訪問看護からスタートしました。起業した当初の仲間がコメディカルスタッフだったこともありますが、より専門性の高い看護による展開のほうが軌道に乗りやすいと考えたからです。案の定、訪問看護ステーションは半年で黒字化しました。

そのほかにも初年度の段階から仕事獲得のための事業の拡大を続けました。エリアごとにどんなサービスが不足しているのかを見極めながら、地域のニーズに合わせて事業の展開を考え、営業の効率化を図っていきました。高齢者関連だけでなく、妹の介護で知り合った相談員から話を聞き、障がいのある子どもたちの通いの場となるデイサービスが淡路島には当時1カ所しかなかったことを知り、児童放課後等デイサービスも始めました。

その頃はスタッフも倍々の勢いで増え、30人くらいになっていました。テナントを借りて訪問看護事業と児童デイサービス事業を回していたのですが、皆に気持ちよく仕事をしてもらいたいと思い切って借り入れし、創業から3年で本社を建設しました。介護事業としては訪問看護だけでなくデイサービスも開始し、さらに拡大させていきました。

実はこの頃、事業所の内情は離職者が続出して運営の危機を迎えていました。全体でも30~40人ほどの組織なのに、1年で13人も入れ替わるような状況だったのです。売上も、2億円台となったあとは伸び悩み、頭打ちとなっていました。

当時の私は、事業への思いを熱く周囲に語り、勢いに乗って突き進んでいる状態でした。今から思えば、私は知らず知らずのうちに介護に対する私の考え方や仕事の水準を押し付けてしまっていて、働くことに対して別の価値観をもつ従業員にとっては厳しく映ったのだと思います。

確かに私はやりたいことがあって事業を始めました。しかし、スタッフは私と同じ熱量をもって現場にいるわけではないので、私と同じレベルを求め続けたら苦しくなるに決まっています。

私は指導を受けた先輩の影響もあり、「メディカルにはピュアに動きなさい」とよく口にしていました。例えば、訪問した先の家が汚いとか、介護対象者と反りが合わないとか、よく愚痴を言うスタッフがいたとします。彼らに対して、あなたは医療従事者なのだから、そのような些細なところで愚痴を言わず、メディカルの部分だけを見て働きなさい、という具合です。しかしそう言われたスタッフは間違いなく嫌な気持ちになったはずです。個人のポリシーとして情熱をもって働くのはともかく、従業員の行動まで制限をかけ、必要以上に求めるのは行き過ぎでした。でも当時の私は、このピュアさ、熱心さを周囲にも要求してしまっていたのです。

加えて、私のふるまいは、組織の代表者としてのものです。言うことには誰も逆らえない権力をもっているうえに人事的な管理や業務管理、部外者との折衝やコンサルティングをしながらの指示ですから、「現場にずっといるわけでもない者に何が分かる」といった気持ちになったスタッフも多かったと思います。

開業して4～5年の間に、私の会社は事業が波に乗り華々しく拡大するその裏で、会社組織としてはボロボロになっていたのです。介護事業としてやりたいことは十分過ぎるほど充実していましたが、企業としての経営面ではいつ崩壊しても不思議ではないくらい疲弊し、そのままでは持続できる状態ではありませんでした。介護への情熱と、株式会社としての経営は別物です。

こうして私は、自らの痛い経験をもって、介護事業も経営マインドをもたなければ持続させられないという、当たり前ですが業界としては大きな気づきと対処のノウハウを積んでいきました。

介護は地域全体で支える形にシフトしている

2025年問題を抱える社会に目を転じ、これから期待されている介護事業のあり方から経営戦略のヒントを見ていく必要があります。

「社会保障制度改革国民会議報告書」（2013年）によると、医療・介護は「病院完結型」から地域全体で支える「地域完結型」へとシフトしており、地域の実態に合わせて切れ目なく継続的にサービス提供するネットワークを構築するよう、在宅医療・介護の充実

図表1　地域包括ケアシステムで展開する主な対策

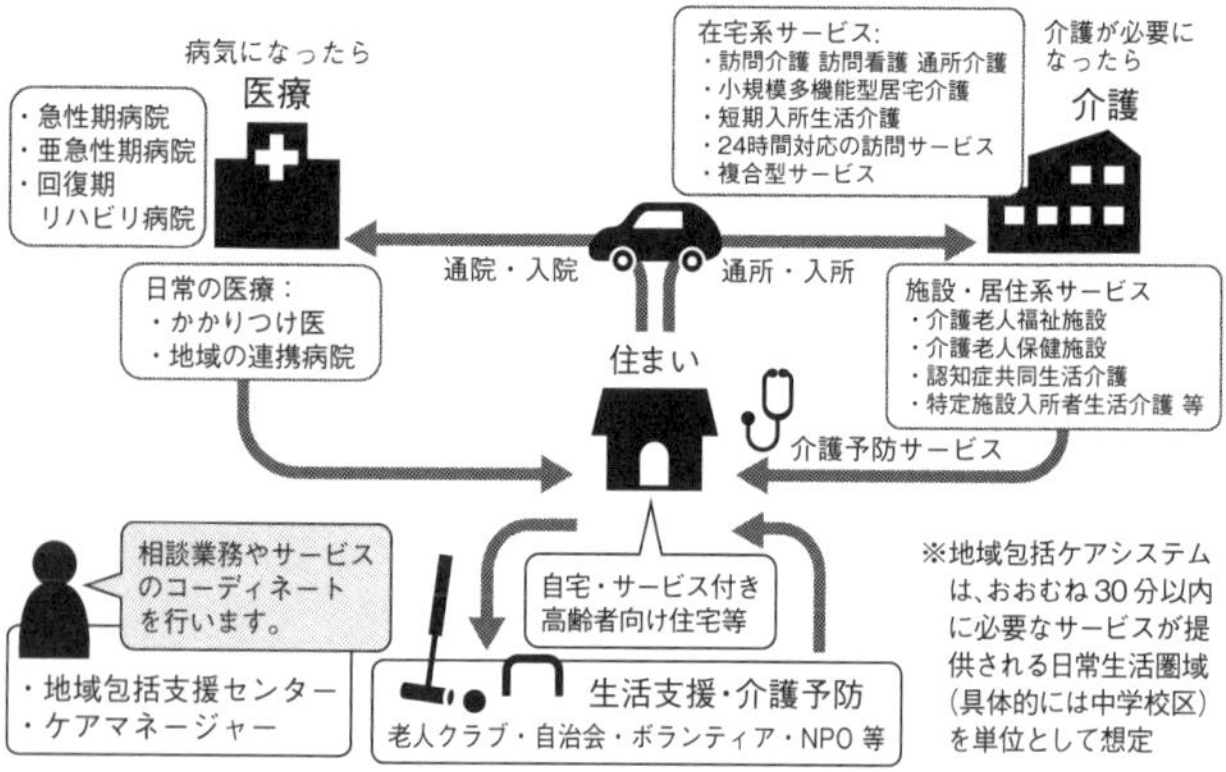

著者作成

が図られてきています。

　地域全体で高齢者を支える介護の具体的な形としては、２０２５年を目処に進められている「地域包括ケアシステム」の構築があります。

　地域包括ケアシステムは、重度な要介護状態となった高齢者も住み慣れた地域で自分らしい生活を継続できるように、各地域において多様な支援やサービスを一体的に提供する仕組みのことです。そのサービス内容は、医療・介護・予防・住まい・生活支援と、高齢者を取り囲むケアが包括的に展開しています。

取り組みの中核的存在として市町村により「地域包括支援センター」が設置され、地域の高齢者の総合相談、権利擁護や地域の支援体制づくり、介護予防の必要な援助などを行って、医療と介護の連携、生活支援サービスの充実や高齢者の社会参加など、高齢者の保健医療の向上と福祉の増進を一体的に支援するサービスの提供を進めています。

具体的な支援としては、おおむね30分以内に必要なサービスが提供される日常生活圏域（イメージとしては中学校区程度）をエリアに「地域密着型サービス」を展開します。

地域密着型サービスは、認知症を患っている高齢者や中重度の要介護状態となった高齢者などが住み慣れた地域で自分らしい暮らしを最後まで続けられるよう支援するサービスです。

地域密着型サービスとしては、2006年の介護保険制度の改正により、夜間対応型訪問介護、認知症対応型通所介護（認知症デイサービス）、小規模多機能型居宅介護、認知症対応型共同生活介護（認知症高齢者グループホーム）、地域密着型特定施設入居者生活介護（有料老人ホーム等）、地域密着型介護老人福祉施設入所者生活介護（地域密着型特別養護老人ホーム）の6つ、2012年4月からは、定期巡回・随時対応型訪問介護看護

（24時間地域巡回型訪問サービス）、複合型サービス（2015年に看護小規模多機能型居宅介護に名称変更）の2つの地域密着型サービスが創設されています。また、2016年4月からは小規模型通所介護が地域密着型へと移行しました。

さらには2024年の介護保険制度の改正で、在宅サービスの基盤整備を進めるため、複数の在宅サービス（訪問や通所）を組み合わせて提供する複合型サービスの新設が検討されています（厚生労働省第101回社会保障審議会介護保険部会、2022年11月）。

介護ビジネスは地域のインフラであり地場産業である

介護ビジネスは地域と密接に関わりのあるビジネスで、地域のインフラであり、なくてはならない生活の一部です。しかし一方で、介護事業はビジネスとして利益を上げていく姿勢が求められます。利益というと金儲けくさいと眉をひそめる人もいますが、利益を出し、納税することにより地域への還元を図っているわけですから、むしろ地域を支えるために、責任をもって利益を出し続け、自立した事業所になっていく必要があるといえます。

特に介護サービスは、物理的にその地域とつながったものを提供する必要があります。コミュニティには、精神的なつながりと、物理的なエリアのなかでのつながりがありますが、介護に関するつながりは圧倒的に物理的要素が重要となります。

例えば、私の会社の本社は淡路島にあります。事業を拡大させて海の向こうの神戸市にまで介護に行けるかというと、移動にかかる時間やコストを考えると本社から通うのは現実的ではありませんから、神戸市のなかに訪問看護の事業所をつくっていく必要があります。介護サービスは、人と人とが物理的に接しながら行っていくものがほとんどですから、地域包括ケアシステムの環のなかで地域の人的・物的リソースを取り込みながら、地域密着型サービスの展開により地域へ還元させていく「地場産業」的な企業活動を行っていくことになるのです。介護ビジネスは、この循環のなかでいかに利益を上げていくかが経営戦略の基本となってきます。

介護ビジネスは地域ネットワークのなかで展開する

地場産業としての介護ビジネスを展開する際に一つ留意しておきたいのが、介護事業特有の事情、介護保険制度のなかでビジネスが展開するという点です。

介護サービスは、市町村や都道府県などの自治体が、地域の自主性や主体性に基づき、地域の特性に応じて展開します。サービスを提供する事業者も、必要とされる条件を満たし資料を準備することで行政の許認可を得る仕組みですが、新入りの事業者がいくら地場産業としてふるまったつもりでいても、地域の会議を構成する人たちへの認知度がないとサービスを提供する事業者として関係機関から選択してもらえません。

介護事業のブランディングは、不特定多数の人たちへのイメージ展開ではなく、地域ケア会議（自治体が実施していることが多い）をはじめとした地域ネットワークへの積極的な参画や働きかけによる戦略的な信頼関係の構築が、事業の成否と地域包括ケアシステムを完成できるかのカギを握っているといえます。

介護サービスは、最終的に現場で介護を必要とする高齢者と接するスタッフ一人ひとりのふるまいにかかっています。保険診療報酬の範囲でサービスが提供されることもあり、介護の品質といった質的な側面のブランディングには限界があるのです。「うちは介護のあり方にこんなに思いがあるんです、要支援者に寄り添います！」と言ったところで伝わるものは多くありません。美辞麗句より実行です。

スタッフは介護に必要なことを確実に行えているか、事業所は地域と積極的に関わって事情を汲み取ろうとしているか、地域のなかの事業者としてコミュニティあるいはネットワークに顔を見せ、意見を出し協働しようとしているか、事業所の経営トップは、参入しようとしている地域がこのような視点で事業所を見ていることを踏まえ、認めてもらえるように関係性を構築する必要があります。

地場産業としての介護ビジネスは、地域のなかの事業者の一つとして地域ネットワークに積極的に関わり、信頼を勝ち取ることで選ばれる事業者となります。この流れが最も効率の良い営業法であると私は考えています。

これからの介護は限りなく医療に近づく

「医療の専門性」の観点から今後の介護事業を見ていくと、2040年問題に向かって、これから先は超々高齢化になると同時に、多死の時代へ突入します。ピーク時には、年間168万人の人が亡くなると予測されており、場合によっては病院や施設のキャパシティを超え、現在は当たり前の病院や施設での看取りがむしろ特別なことになっていることも考えられます。自宅をはじめ「病院・施設から地域へ」と、終末医療・介護や看取りが変わっていくはずです。

ここから推察されるのは、今後の介護サービスが医療（終末ケア）と切っても切れない関係をより強くしていく傾向です。どんなに健康寿命が延びたとしても、人間は必ず死を迎えます。介護は看取りとセットでもあり、看取りの行為は医療の範囲ですから、医療の知識と医療行為が可能な資格をもった医療従事者の育成が２０４０年を見据えた介護ビジネスには不可欠となっていくと考えられます。私の会社が設立からわずか半年で黒字になるほど早くから事業実績が認められたのも、看護師や理学療法士など、医療関係のコメディカルのスタッフがそろった集団だったからという要素もあったはずです。

別の角度から見てみると、後期高齢者が爆発的に増え、生産年齢人口が劇的に減った社会のなかでは、社会構成の変化に伴い、高齢者の定義や介護対象の範囲そのものがまったく異なってくる可能性があります。健康維持に対する取り組み自体が大きく変わってきています。したがって、いわゆる「ピンピンコロリ」のような一昔前の定義は通用しません。死ぬ間際まで「自分が希望する形」で医療や介護を受けながら元気に過ごすのが標準になります。介護を要する状態で過ごす期間が短くなるのが理想ですが、実際はその逆です。介護の状態になったらすぐ看取りという、介護と医療がほぼ同義にまで重なってくることが増えると考えられるのです。

もともと介護は医療のなかに入っていたものを、介護保険制度を独立させたときに分離したという経緯もあります。いったん確立した制度ですから再び完全に統合させるという可能性は低いように思いますが、今後のデータ管理技術の進展も踏まえると、制度を残しつつも運営の実態は融合しているという状態は十分考えられます。ここからも、今後の介護サービスと医療との連携の深さを見て取ることができます。「安心して死にたいので、お宅の介護事業所で看取りを任せたい」といったリクエストに応えられる介護事業者になってニーズを取りこぼさないようにしておく必要があります。

さらに、社会的に支援の範囲が異なってくると、医療・介護以外にも、予防や住まい、生活支援といった包括的に支えるなかで、別の専門性が重要になってくる場合も考えられます。介護だけ、医療だけなど、単一の専門性に頼った集団では、ニーズに合った対応ができなくなる可能性があります。事業を展開しようとしている地域がどのような専門性を求めているかしっかりとマーケティングしつつ自分たちの強みと照らし合わせて戦略を練るのが、２０２５年・２０４０年問題を乗り越え、生き残っていくための方策といえます。

「地域特性」×「専門医療」＝「訪問看護」が生き残りのカギ

介護ビジネスで生き残るためには、「事業者としての魅力」も重要です。地域特性に配慮した介護サービスを、医療をはじめとする専門性を高めたスタッフが提供する介護事業は、マーケティングの要素をしっかり取り入れた経営戦略であるといえます。ここで忘れてはならないのが、介護事業は「サービス業」だという点です。人と人とが接し、つながって関係性を築くことにより、満足度の高い介護になっていきます。

介護保険サービスは、介護を必要としている高齢者に対し、自立を支援するために提供するものです。主な在宅サービスには、居宅サービスとして、訪問介護、通所介護、短期入所生活介護、訪問看護、通所リハビリテーションがあり、地域密着型サービスには、定期巡回・随時対応型訪問介護看護、夜間対応型訪問介護、小規模多機能型居宅介護、看護小規模多機能型居宅介護が挙げられます。介護保険制度は3年ごとに改正されるため、今後も社会状況によりサービス内容が新設されたり統合されたりすると考えられます（実際、2024年の改正では、訪問と通所の複合サービスが新設されるという話も出ています）。

介護サービスは診療報酬制度のなかで行われるものですが、だからといって、診療報酬に見合った水準があればそれ以上のサービスが不要というわけではありません。求められてもいないのに自己満足のこだわりで過剰な介護サービスを展開する事業戦略は問題ですが、サービスの質には敏感になっておく必要があります。事業者の顔は現場の最前線で活躍するスタッフたちです。「○○さんにぜひ頼みたい」と指名がかかるような魅力ある事業者となるためにも、人材の確保と育成に力を入れていきたいところです。従業員を人的資本ととらえ、手厚く投資する経営戦略をもつことが重要になってくるのです。

地域にシフトした介護サービス、医療との連携など専門性を踏まえた高品質の人材確保、施設より人的資本への投資をかけ合わせた介護サービスを考えていくと、これから大きな可能性をもっているのは「訪問看護」であると私は考えています。

令和3年度介護労働実態調査によると、事業所において最も多い介護サービスの種類は、訪問介護（22・3％）となっており、通所介護（13・9％）、地域密着型通所介護（11・2％）が続き、訪問看護（8・9％）は第4位です（介護労働安定センター『令和3年度介護労働実態調査　事業所における介護労働実態調査結果報告書』）。訪問看護は、ここ15年ほどの推移を見ても平均8・7％で、提供側に医療の専門性を求められるサービスのため貴重な存在となっている様子がうかがえます。

大手のように潤沢な資本力で多角的に事業展開できる可能性の低い、地場産業的中小の介護事業者は、訪問看護の経営を視野に入れて、周囲の地域が何を求めているかを見極める地域診断（マーケティング）から始めてみるとよいと思います。その際、少なくとも

図表2　主とする介護サービスの種類 (n=8,809)

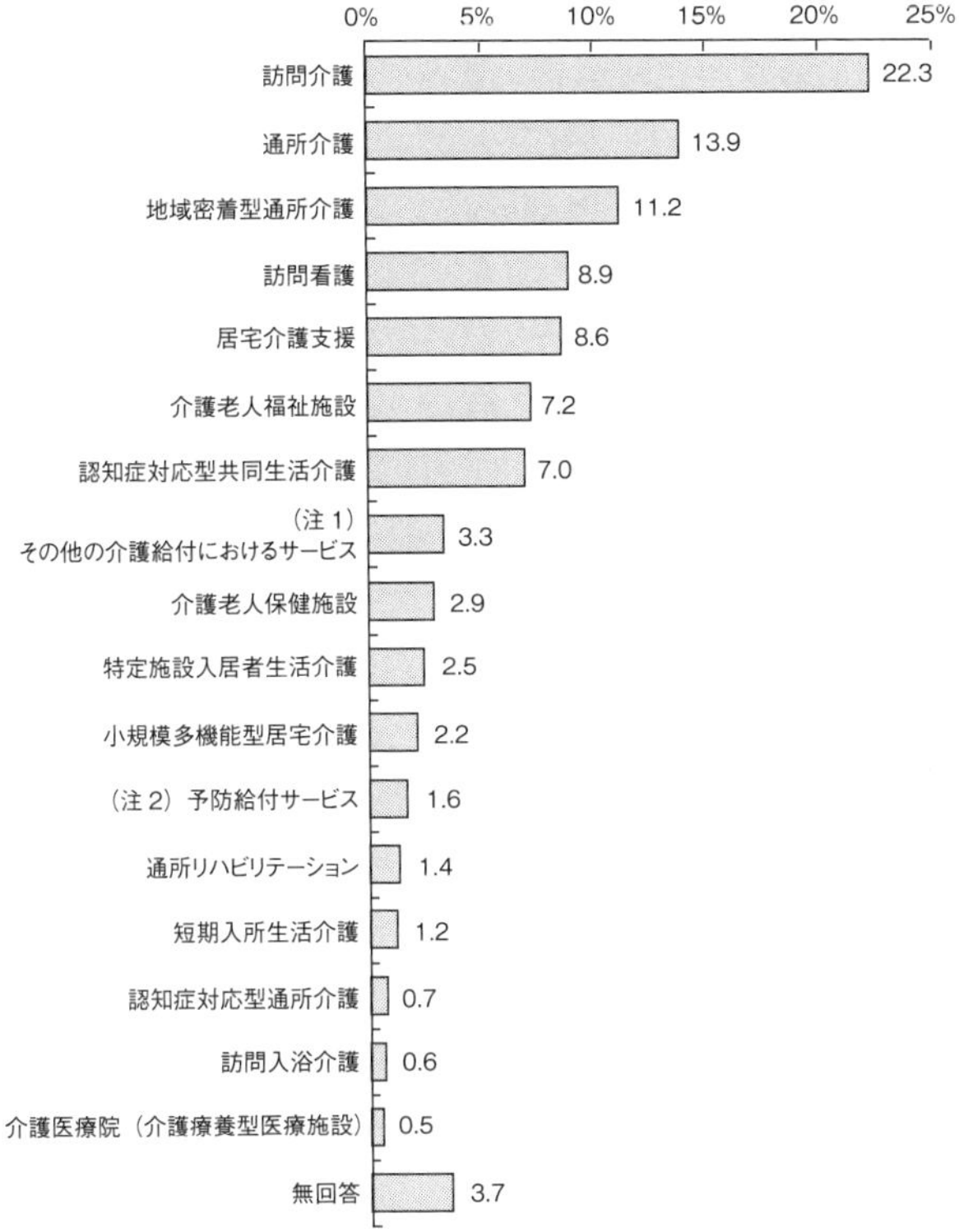

（注1）その他の介護給付におけるサービス

訪問リハビリテーション、居宅療養管理指導、短期入所療養介護、福祉用具貸与、特定福祉用具の販売、定期巡回・随時対応型訪問介護看護、夜間対応型訪問介護、看護小規模多機能型居宅介護、地域密着型特定施設入居者生活介護、地域密着型介護老人福祉施設入所者生活介護、共生型サービス。

（注2）予防給付サービス

予防給付におけるすべてのサービス、総合事業。

出典：介護労働安定センター『令和３年度介護労働実態調査　事業所における介護労働実態調査結果報告書』

訪問介護や通所介護を同時に運営できていれば、より多くの情報を集められるため地域課題の抽出や対応がしやすくなる効果が得られることも考えられます。地域との関係性、特にコーディネーター役の自治体や支援センターとの関わりを強固にしつつ、地域の期待に沿ったサービスを的確に提供すれば、ベテランのスキルに頼らずとも信頼度を高めていき、事業所の魅力を大きくアップさせることができるはずです。

経営者に求められているのは、こうした事業戦略の構築と実行なのです。

経営者としてブレない姿勢——情熱だけではない経営者マインドをもつ

まず大前提として、介護事業者のトップが「経営者」であるというところを強調しておきます。実のところ、この意識が非常に薄い事業者のトップが多いのです。

なぜかというと介護事業の場合は制度として事業責任者を必ず設けることにはなりますが、有資格者が形だけ名前を載せることでも成立してしまいますし、介護措置による報酬制度のため「お上から支給されるもの」という感覚に陥り、お役所の出先機関で席を預かる職員のような感覚になってしまっている残念な経営者をたくさん見てきたからです。当然ながらそのような人には経営の感覚はありません。私が事業所の生産性や効率性を説いても、まったくピンとこないばかりか、極端な例でいえば、「商売繁盛なんて願うな、我々が儲かるということはそれだけ介護が必要になる人が増え社会問題が深刻になったと憂うるべきだ」と大真面目に言う人もいたくらいです。

人の命は絶対で何をおいても優先されるべきこと、人に対してやれる行為は採算など考えず全力投球するべきこと、程度の差こそあれ、そんな感覚で経営をタブー視する事業者のトップがいかに多いか思い知りました。個人が趣味やボランティアで行うのであれば、誰からもとやかく言われるものではありません。しかし、事業者として、雇用した従業員もいるなかでこのような考え方をもっているのはとても危険です。NPO法人のような組織であったとしても、事業がうまく回るための利益は出していかなければなりません。ましてや株式会社などの営利企業であればなおさら、自分たちの理念を貫くために利益を出せる組織運営の基盤をつくらなければならないのです。事業者のトップには経営者として、生産性や効率性を高めてきちんと儲かる仕組みをつくり、利益を確保して次の事業への投資や従業員への還元を行って好循環をつくり、持続的な組織にしていく責任があります。

社会的な使命は、責任ある組織運営ができてこそ、果たすことができます。中途半端な正義感で思いばかりが先行し、肝心の実行組織を潰してしまうような運営は、これからさらに厳しくなる２０４０年の洗礼を浴びて淘汰されてしまいます。

介護事業者のトップに必要なのは、経営者としての覚悟とノウハウです。

介護ビジネスにこそ必要な『論語と算盤』

志を高くして事業を立ち上げたものの、運営に躓いてしまう介護ビジネスの経営者に対し、私はよく例えで「つまりは、『論語と算盤』だからね」と説明しています。『論語と算盤』は、日本の資本主義の父と呼ばれる渋沢栄一の著書で、「論語」は人としてのあり方や道義、「算盤」は商売や経済を指しています。つまり、商売するなら人としてのあり方を論語から学べ、どちらか一方ではなくどちらも意識せよ、という教えです。

ここで注目したいのは、論語「も」算盤「も」重要だとしているところです。

論語は、本来であれば日常生活に紐づいた実用的な考え方が書かれたものであるはずなのですが、武士階級が学問として扱ううちに、一部の人だけが特権的に学ぶ高尚なものとなっていき、さらに朱子学の影響を受けた解釈が広まったために、金儲けは良くないものという印象が広まり、道義と経済は相反するものだとされてきました。『論語と算盤』は、この考え方にくさびを打ち込み、道義も経済も、どちらも必要と説いたわけです。

一般的な企業の場合、「算盤ばかりではだめだ、金を儲けるなら道義や哲学に基づくべきだ」という流れで経済行動を考えると思います。近年大手企業を中心に流行しているミッションやバリュー、クレド、パーパスなどを織り込んだ経営が相当します。これに対し、介護事業をはじめ、医療・福祉や教育、公的機関など、人が生きる根幹に関わる業界――特に、何かあったら身を投げうって使命のための行動を取るエッセンシャルワーカーのいる業界の場合、今さらミッションやクレドなどという必要はありませんでした。むしろ、営利目的の経済活動とは対極にある事業だと奉仕の精神が強調され、「論語か算盤か」と、商売部分は無視あるいは軽視されてきたといえます。

強調したいのは、「算盤も」必要だという部分です。介護事業の場合、「論語」部分はもうすでにお腹いっぱいの状態なわけですから、ここから「算盤」部分をプラスし、より責任ある持続可能な事業活動にしていこう、と呼びかけていくことが重要だと考えているのです。

51点目からの「算盤」が勝負

介護事業者の経営トップには、「論語」も「算盤」も大切に考えていけるようになってほしいのですが、頭では理解しているつもりでも、なかなかバランス良く進めない経営者が多くみられます。どうしても「あれかこれか」の択一に走ってしまい、運営方針に迷いが生じたり、変なこだわりをもってしまったりしがちです。

こうした場合、私はいつも介護事業の場合は、介護で人を支援する正義を追う「論語」の部分が50点、事業を継続させる運営面の「算盤」部分が50点とすると、論語部分の50点は、事業内容としてすでに満点あるといえるので、あとは算盤部分である経営の50点部分をどこまで引き上げて100点に近づけるかが重要だ、と『論語と算盤』に例えて提案しています。

図表３　介護事業経営実態調査における各費用区分の項目の定義

	介護老人福祉施設	介護老人保健施設	訪問介護	通所介護
給与費	職員の給料、賞与、退職金、法定福利費			
直接介護支出	給食材料費、介護用品費、保健衛生費、消耗器具備品費、車両費、光熱水費燃料費およびその他の経費	給食材料費、医薬品費、施設療養材料費・施設療養消耗器具備品費、車両費、光熱水費	給食材料費、介護用品費、保健衛生費、消耗器具備品費、車両費、光熱水費、燃料費、医薬品費、診療材料医療消耗器具備品費およびその他の経費	
一般管理支出	福利厚生費、旅費交通費、研修費、通信運搬費、事務消耗品費、印刷製本費、広報費、修繕費、保守料、賃借料、保険料、租税公課、委託費、雑費およびその他の経費	福利厚生費、消耗品費、修繕費、通信費、賃借料、保険料、租税公課、委託費、研修費およびその他の経費	福利厚生費、旅費交通費、研修費、通信運搬費、事務消耗品費、印刷製本費、広報費、修繕費、保守料、賃借料、保険料、租税公課、委託費、雑費およびその他の経費	
減価償却費等	減価償却費、国庫補助金等特別積立金取崩額	減価償却費	減価償却費、国庫補助金等特別積立金取崩額	
その他の事業費用	徴収不能額、引当金繰入（退職給与引当金、賞与引当金を除く）およびその他の経費	徴収不能損失、本部費およびその他の経費	徴収不能額、引当金繰入（退職給与引当金、賞与引当金を除く）およびその他の経費	
事業活動外支出	借入金利息			
特別支出	本部費繰入	－	本部費繰入	－

図表４　費用の割合（サービス類型別）

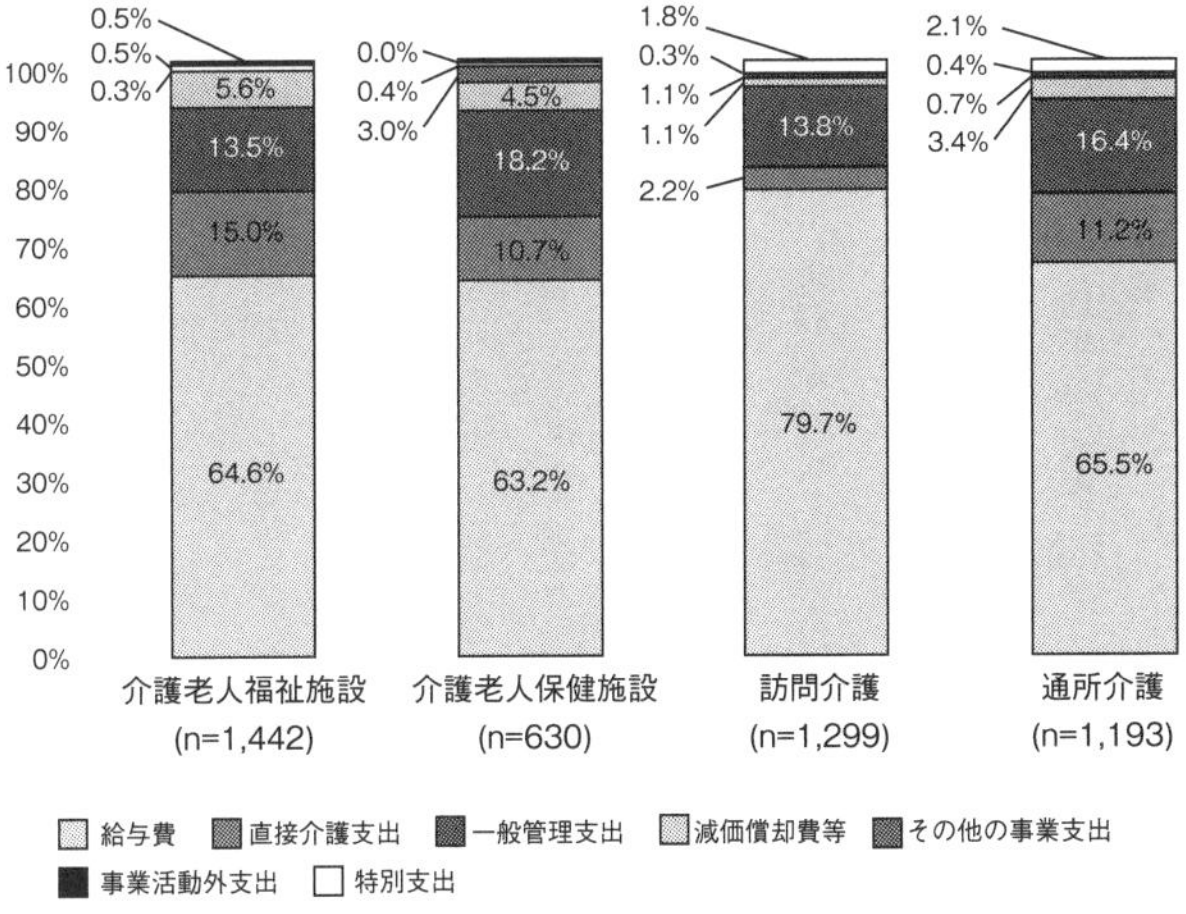

出典：内閣官房　公的価格評価検討委員会（第７回）資料 2-1　介護事業経営実態調査のデータ分析（厚生労働省老健局提出資料）2022 年 12 月 2 日

現場で実際の業務に携わる医療・介護の人たちは、志も労働意欲も高く、「論語」部分に対してはもう十分50点になっている、だから51点目からの「算盤」部分を頑張れば、あとは加点でいけるのです。そう呼びかけ、生産性や効率性を高める「算盤」部分の51点目の足がかりをつけるようにしています。

例えば、介護保険の各サービス施設・事業所の経営状況の把握を目的に実施される政府統計に「介護事業経営実態調査」があります。この調査では、3年おきに見直される介護保険制度の改正と介護報酬の改定に必要な情報収集のため、介護報酬の改定後2年目の経営状況を調べます（報酬改定前後の状況については介護事業経営概況調査として改定年の翌年に調査が行われます）。直近では、2020年に2019年度分の調査が実施されました。全国3万1733施設・事業所を対象に、サービス提供の状況、居室・設備等の状況、職員配置・給与・収入の状況、支出の状況などが調べられています。

費用区分は、給与費、直接介護支出、一般管理支出、減価償却費等、その他の事業費、事業活動外支出、特別支出の項目があり、そのなかで各費目が細分化されています。調査後には分析も行われ、介護のサービス類型別に各費用区分の割合なども公表されています。このようなデータをうまく活用して自事業所の費用割合と比較してみると、感覚的に把握したつもりだったものが、数字になると改めて現実として見えてくるものがあるはずです。統計で全体像を俯瞰することにより、自事業所がどのあたりに位置しているかも見えてきます。収支のバランスを見ながら、事業所内の体制や環境を整えたり、働き方を変えたりすることにより、現実的な経営基盤を強化していくのです。

経営者のマインドはどう伝えるか

まずは経営者自身が事業所の費用割合など客観的データを把握したうえで、従業員の働く状況をよく見ることが重要です。私は、可能な限り職員と意見交換する機会を設けるよう促しています。入職時の面談のほか、年2回スタッフ面談を行っていて、その記録などを基に上層部との会議も行います。新しい取り組みに挑戦したいといった前向きな意見は制限なく取り込んでいきたいと、従業員からのアイデアを常に促しています。今すぐ実践できそうなものはもちろん、実現に時間がかかりそうなものでも、２０４０年問題に向かって整備を進めるために活用できそうなものなどはストックしていくように心掛けています。

経営者のマインドとしては、経営者が自分の意見を周囲に理解させるというより、経営者の現在進めている運営が現場でどのように汲み取られているかを知るため、従業員の声を聞く姿勢がむしろ重要です。

我々の組織体制で、どのくらい専門職の色を強めた介護事業所の運営ができるのか、さらに地域の方々と医療・介護を結んだ事業を展開することも可能かどうかという点を確認します。明らかに無理な配置にしてもゆがむだけです。スタッフの能力と可能性を汲み取り、地に足ついた経営を進めていくのです。

利用者のため、利用者の家族のためという「情熱」にこれ以上エネルギーをかける必要はありません。経営トップは、利用者のためだからこそ、事業へのお金のつぎ込み方を明確にしていくことが重要なのです。

例えば、「多死社会への対策として、訪問看護で重症の利用者への対応が増えるほど医療の方向へシフトしていく必要がある」という事業展開の場合であれば、まず多死社会になるということがどういう意味をもち、我々にどんな影響を与えるのか、その対策としてなぜ医療に舵を切る必要があるのかといった背景を丁寧に説明してスタッフと共有します。そのうえで、「すべての対応や環境整備が利用者のために最適化されていくのだ、その一環として、訪問看護ステーションで看護師を主体としたコメディカルの専門職のスタッフを充実させ、夜間休日対応もしっかりやって、在宅で看取りができるようにするのだ」とか、「小規模多機能事業のほうにシフトチェンジするのだ」などの、経営者としての構想を披露するという段階を踏めば、従業員も自分たちへの処遇が私情やえこひいきによるものではなく、同じ目標に向かって事業を進めるために必要不可欠なものなのだと納得してくれるはずです。

知識や経験よりマインドを重視した採用を

では、スタッフのマインドは、どうやってセッティングしていけばよいのかですが、事業所の一員として、また、事業所が立地する地域の一員として、立場をわきまえた意識で能力を発揮してもらうために、今の働き方で自分に何ができるかと考えるのではなく、自分のもっている能力を活かすにはどんな働き方や事業が良いのかという逆転の発想で仕事と向き合ってほしいと思っています。事業所の目指す方向を共有したうえで、改めて従業員に一緒に実現するためには何ができそうかを考えてもらい、どんな体制で動けばうまくいきそうかと、自分自身をコーディネートしてアイデアを出してほしい。経営者なら皆そう思うはずです。でも、そのような逸材はなかなかいません。

身もふたもないようですが、従業員のマインドは、採用した段階である程度決まっているといえます。馬を水飲み場へ連れていくことはできても水を飲むかどうかは馬次第ですし、モチベーションがゼロの人は何を掛け算してもゼロです。視点や考えを変えてほしいと働きかけてもどうなるものでもありません。採用時の面談でじっくりと考えを聞き、介護の世界に対し同じように問題意識を感じている人、なんとかしたいという情熱がある人、働き方に明確なイメージをもっている人などを嗅ぎ分けることがいちばん重要です。介護の知識や経験値は採用後に増やせばいいのです。それよりも、2040年問題のように、社会が大きく抱えている課題に向かって自分に何ができるのかと考える力があるほうが重要です。

では、採用したあと、従業員に対してどのように働きかければよいのかですが、生産性や効率性という言葉は、介護業界ではタブー視されています。小さな事業所で数字ばかり取り上げると、見栄や謙遜でなく本気で「私はお金のために働いているんじゃない」との思いから苦しくなるスタッフもいます。経営者側からは、あくまで柔軟な対応が可能であるという姿勢を見せていくことが重要です。面談を実施し、従業員の権利やルール、やりがいや働き方、業務の効率化などに対する考えを聞き出し、言語化していくことが大切です。その際に経営者としての考えも伝え、あなたたちが豊かになるために事業所は何をすればいいだろうかと呼びかけていくわけです。このように順を追ってバランス良く経営者の考えを浸透させる必要があります。

ブレない経営者の姿勢は経営の方向性の確認・見直しから生まれる

経営方針の軸をもちながら円滑な情報のやりとりができる環境づくりの実現は、経営者あるいは経営陣の努力の結晶です。経営方針を考えないまま開業してしまった経営者は、早めに立ち止まり、自分の足元をいま一度見直すべきです。

起業時に明確に決めていたとしても、経営方針の確認と見直しは定期的に行います。社会情勢も職員の様子も常に変化していますから、前提となる環境が変わっていくわけですから、変化の有無の確認も含め、経営の振り返りの時間をつくることを推奨します。例えば、地域診断を始めるときに事業計画を作成し融資を受けようとするとき。自事業所の人的・物的リソースに関する問題が発生したときなどです。このような節目のときには、全体像を把握し、当面の見通しをたてて、どこへ何を投入するのがよいのか、地域の要請に対し、現在の体制で何をどこまで対応できるのかなど、幹部ミーティングで簡単に意見交換するだけでも情報共有は進みます。

特段のイベントがない場合でも、経営の方向性の確認と見直しは定期的に行いたいところです。半年に一度程度はやっておいて損はありません。立ち上げたばかりの頃などは特に、毎日の変化が激しく、幹部ミーティングなんて悠長に開いている余裕がないと思いがちですが、忙しいからこそこまめな情報共有の場が重要です。自分も幹部も日数が経つと共有した気持ちなど忘れてしまいますから、意識合わせを行ったことを記録に残しておくほうが、結果的に職場内の行き違いを防ぎ、同じ方向を目指して進むアイデアがたくさん生まれてきて、良い結果につながっていくはずです。

事業計画書の精度を高め、経営者マインドを鍛える

事業計画書は、事業を企画した背景や経緯、目的などの「論語」の要素と、具体的な成果を出すための責任体制、実行体制、実行方法、資金計画、スケジュールといった「算盤」の要素がすべて盛り込まれた幕の内弁当のようなものです。まずは事業計画書を広げてみて、中に何が書かれているかを解読してみるとよいです。

介護業界は保険制度の範囲で事業が展開するため、金融機関も回収不能になるリスクが低く、その点ほかの一般的な企業の融資に比べれば、基本事項が押さえられていれば事業計画書に関するチェックも通りやすいはずです。とはいえ、金融機関に提出した事業計画書は、たいていどこかに金融機関からの手直しが入ります。言うとおりに修正すれば済む場合も多く、たいていの事業主は書類が通ったことに安心してしまい、事業計画書のどこが修正されたのかを把握しようとはしません。しかし、金融機関が修正した箇所を見比べると、資金がショートしそうなポイントなど、経営的に詰めの甘かったところが浮き彫り

4. 数値計画

【損益計算書】

	20〇〇年〇期 見込①	20〇〇年〇期 計画	20〇〇年〇期 計画	20〇〇年〇期 計画	20〇〇年〇期 計画	計画考課 ②−①
売上高						
部門A						
部門B						
売上総利益						
比率						
販売管理費						
営業利益						
比率						
経常利益①						
比率						
税引前当期利益						

【賃借対照表】

	20〇〇年〇期 見込①	20〇〇年〇期 計画	20〇〇年〇期 計画	20〇〇年〇期 計画	20〇〇年〇期 計画	計画考課 ②−①
流動資産						
売上債権						
棚卸資産						
固定資産						
流動負債						
買入債務						
短期借入金						
経常利益①						
社債・長期借入金						
純資産						
総資本　合計						

【簡易キャッシュフロー計算書】

	20〇〇年〇期 見込①	20〇〇年〇期 計画	20〇〇年〇期 計画	20〇〇年〇期 計画	20〇〇年〇期 計画	累計
営業活動によるキャッシュフロー						
税前利益						
減価償却費						
運転資金増減						
その他						
投資活動によるキャッシュフロー②						
フリーキャッシュフロー(①+②)						
財務活動によるキャッシュフロー						
現金同等物の増減額						
現金同等物の期首残高						
現金同等物の期末残高						

【金融機関別資金調達返済計画】

	20〇〇年〇期	20〇〇年〇期			20〇〇年〇期		
	残高	調達	返済	残高	調達	返済	残高
〇〇銀行							
〇〇銀行							
その他							

図表5　事業計画書の例

株式会社○○○　中期事業計画（計画期間：20 ○○年○期～ 20 ○○年○期）

1. 会社概要

業種	創業	設立	資本金	従業員
事業特長				
沿革				
株主				
経営陣				
取引金融機関				

2. 現況と課題【財務状況】

	20 ○○年○期	20 ○○年○期		20 ○○年○期		20 ○○年○期	
	実績	実績	前月比	実績	前月比	実績	前月比
売上高							
部門A							
部門B							
売上総利益							
比率							
販売管理費							
営業利益							
比率							
経常利益①							
比率							
税引前当期利益							
減価償却費②							
キャッシュフロー③（①× 0.6 ＋②）							
借入金④							
運転資金⑤							
要返済借入金⑥（④－⑤）							
返済可能期間（⑥÷③）							

【課　題】 1
2
3

3. 中期事業計画

【中期目標】 1
2
3

【計画骨子】 1
2
3

【推奨具体策・アクションプラン】

項目	推進具体策	責任担当者	実施年月日	年間効果（千円）	確度	要投資額（千円）	備考

になってきます。もし手元に最終版がなく、修正前の事業計画書でそのまま事業を進めていると、問題点が分からないままの進め方になっている可能性がありますから、ぜひ金融機関に依頼して、審査が通ったバージョンの事業計画書を入手してみるとよいです。

新規事業の立ち上げで事業計画を提出した経営者から相談を受けたことがありました。金融機関の審査が通らないというのです。事情を聞き、指摘された箇所を修正して金融機関にもっていき説明するとすんなり審査が通り、融資が下りました。コンサルである私が提出したからではありません。資料の説明ができたところにあります。資料の説明ができないのは、数字の組成が理解できていないという証しで、仕入れの値段も分からずに飲食店をやっているようなものです。お金を貸す側にしてみれば不安で仕方ないのも無理はありません。

どの業界でも同じですが、新規事業では、単月黒字が出るタイミングをできるだけ早くすることが求められます。損益分岐点を超えるところまでが頑張りどころです。そこまでを、○○の能力のあるスタッフを確保する、○○への営業に注力する、○○での集客に時間をかけるなど目標を鮮明にし、実行可能性を高めることで、計画が磨かれていきます。金融機関は、一度融資の取引ができると次回からの軽い融資はハードルがぐっと下がります。だから経営者にはとにかく一度目を頑張って通すよう伝えています。

望む金額まで融資が受けられない場合でも、その融資額で資金がショートしない計画を練り直す、そして練り直した計画を自分の言葉で金融機関に説明できるようになる。これが、経営の「論語」と運営の「算盤」のバランスの良い体制で事業所を切り盛りする重要なポイントなのです。

［第3章］

経営者は現場と距離をおき マネジメントに専念する 重要なのは右腕となるNo.2の育成

経営の責任者＝現場の管理者、一極集中の問題

では、経営マインドをいかにして現場まで浸透させ、具体的な事業の発展に結びつけていくのかというと、カギとなるのが、組織体制、「№2」の存在です。

経営トップが揺るぎない経営マインドをもっていたとしても、従業員の数が多くなると、現場の一人ひとりに自力で働きかけていくことはなかなかできるものではありません。

一人が関係性をもって状況を把握し、意図をぶれさせずに直接管理できるのは5～8人あたりが限界だとされています。これはスパン・オブ・コントロール（管理限界）と呼ばれる経営学の概念で、チームをつくってリーダーを立てることによりパフォーマンスを最大にするのはこの法則が働きやすいためです。数十人の規模になってくると経営トップが一人頑張ったところで全部を掌握することはできません。

介護事業を立ち上げようと考える経営者は、立ち上げ時の志がすでに現場寄りになりがちで、経営者自身がいつまでも現場に関わっていたい、一緒に汗を流したいという気持ち

でいることがよくあります。私自身もそうでした。しかし、規模が大きくなってきたのにいつまでも最前線で動き回っていると、管理が行き届かず、かえって組織に悪影響を及ぼしかねません。現場での活動が円滑に進むよう、現場の管理は現場のチームリーダーに任せ、経営の責任者は、バックグラウンドで支えるマネジメントに注力する必要が出てきます。経営者には経営者の役割があるのです。

さらにいえば、事業所の活動を支えるマネジメントにも2種類あります。事業所の存在そのものを長期的に見る経営の側面と、各現場で今起きている具体的な関係性や問題などに対応する運営の側面です。経営と運営は一見すると同じような行動に見えるため混同しがちですが、事業の継続・発展を考えた長期的な視点に立つと、明確に分けておく必要があります。

経営マネジメントのカギとなる「No.2」体制をつくる

このように、ポジションに応じた役割と機能をもたせ、権限と責任の範囲を明確にしていくのが組織体制づくりです。介護事業にとっては特に、経営と運営を明確に分けて現場のチームリーダーたちに経営マインドを浸透させていくための重要なポジションとなる「№2」の存在が、２０４０年問題に向けた持続・発展を左右するカギとなります。

経営と運営を2トップが担います。シンプルなのは、経営トップを経営者が、運営トップを№2が、それぞれ担うパターンです。行動特性を考慮してこの逆になる場合もあります。

経営陣の2トップですから、経営マインドも向かうべき事業の方向性も同じです。両者が現場へ伝えたい内容の本質に違いはありません。経営と運営の決定的な違いは、経営が経営者の視点であるのに対し、運営が現場スタッフ主体の視点であるところです。事業構想や経営戦略といった方向性は同じものを見ていますが、拠る主体が異なるため、アウトプットが違ってくるのです。

例えば、『論語と算盤』における「算盤」部分の重要性、生産性や効率性の話を経営陣から従業員へ伝える場面をイメージしてみます。

経営の場合、経営者が経営者の視点に立って話します。地域社会のなかでいかに私たち事業者の介護サービスが必要とされているかを説き、持続可能な介護とするために人的資本への投資が求められていることを説明し、従業員一人ひとりの特性に応じた働き方を整えていくことを伝えます。従業員には、事業所としての志を実現させるためにも生産性や効率性を大事にして仕事をしてほしいということをきちんと順序立てて説明することが重要です。

これに対し、運営について話をする場合、№２からはあくまでも従業員の視点から話をしてもらいます。

患者や利用者、地域のためというのも大事だが、いちばん大事にしたいのは従業員自身の生活を豊かにするということだと伝え、目の前にいる業者や患者の人生を豊かにすることで必ず回り回って会社に還元されて、従業員の生活が豊かになる。だから経営陣は、従業員に成長してほしいと願っている、ということを伝えます。

生産性・効率性を求めるというゴールは同じですが、視点を少し変えるだけで、ここまでロジックが変わります。

№2を活かすと組織が機能し始める

私の会社を例にすると、従業員が40人近くという規模に拡大した頃、一方で辞める従業員が続出しました。

それまでの私は、一人で何もかもをこなしていました。複合機の紙が詰まった、来客用のお茶がなくなった、そんな些細なことまで把握し、対応していたのです。でもそれに限界が来ていました。40人近くの人数になると把握しきれず、悪影響が出て従業員が定着しない組織になっていたのです。そこで、私という個人に直接つながるフラットな体制でなく、組織のなかに本部機能をおき、№2との協同体制を敷いて立て直しました。

№2が入って、経営トップの私、運営トップの№2という「2トップ体制」となり、組織体制が落ちつきました。現場については、各事業所を統括する事業運営本部と社内スタッフを管理する事業管理部をおき、各部長が管理職に就いています。そして、社内の部門を統括する本部機能に、私の右腕となる№2を統括本部長として配したことにより、経営トップの私と管理職との間に階層を一つ加えることができました。

図表6　株式会社あかね　組織図

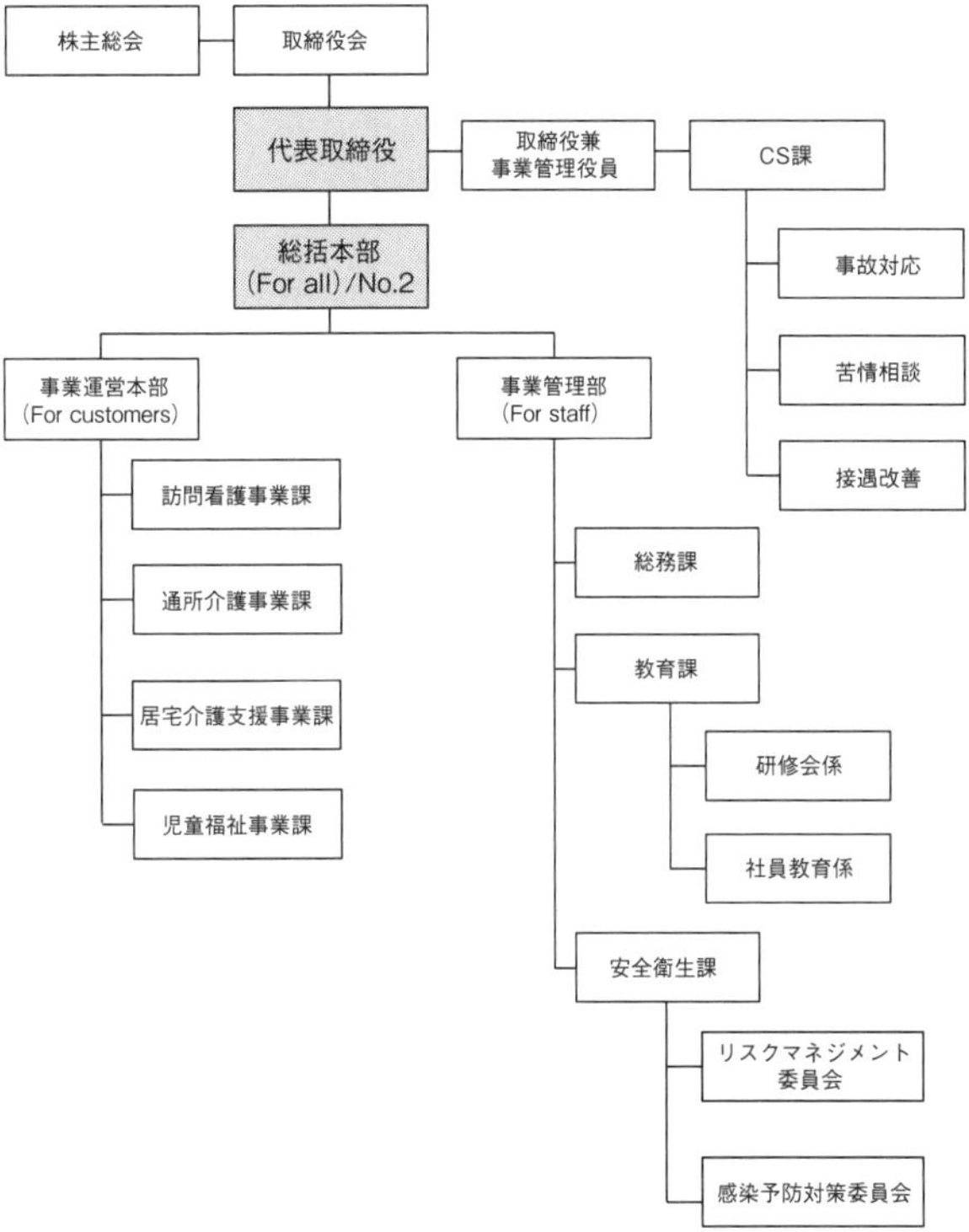

経営トップの私と現場の間に、運営トップの№2が入ったことで、私は現場から離れた存在となりました。まだ現役の医療従事者でもありますから、人手が足りないときは現場にも出るのですが、そこでいろいろ見えたことも、直接私が意見すると現場の人間というより経営トップの指示のようになり、言葉の重みが変わってしまいます。このため、私は現場で見聞きしたときもいったん自分の腹に収め、口には出さずに静観するようになりました。こういう立ち位置になれたのも、現場を仕切る管理職の上にきちんとした本部機能を統括する№2が入ってくれているからだと思います。

№2をおいて組織を立て直したあとまもなくして、コロナ禍で介護事業の営業が困難となり、訪問看護の業務が鈍くなった時期があったのですが、時間の余裕ができたことを機会として、№2が入ってきてからどのように組織が変化したのか、社内のコミュニケーションの様子を確かめてみることにしました。すると、やはり経営者の私より、№2とのほうがずっと話しやすそうにしています。社内のコミュニケーション全般を№2に任せるべきであることが明確になり、経営トップの私はさらにもう一歩現場から離れた存在として、現場に対しては直接話しかけることはせず、個別に相談を受けたときにだけ応じることにしました。例えば、重症のケースで対処に迷う問題が生じたときや、自治体との交渉が必要な困難なケースに遭遇した場合に声を掛けてもらうわけです。あとは、事業所へふらっと立ち寄って軽いコミュニケーションを取るなど、事業の根幹となる部分でないところに少しだけ顔を出し、残りは現場の者が対応に集中できるようにしていきました。すると、私自身も経営の本質的な部分に集中することができるようになり、大局的な観点から俯瞰し、事業所の代表者として地域との関係性を深め、自治体が行うケア会議や意見交換の場など包括的な取り組みに参画し、事業拡大につながる営業に回るといった、経営者が本来すべき業務に時間を充てることができたのです。いろいろな方面に人脈ができ、視野が広がっただけでなく、創業時の感覚を取り戻して新たな事業拡大を図るエネルギーをチャージするための時間も確保することができるようになりました。

さらに現場とのコミュニケーションも変わりました。それまでは、事業計画が予定より遅れていたときや同じようなミスが何度も続くとき、期限どおりに成果が上がってこないとき、私は経営者としての管理能力の弱さを思い知らされ、やはりここは私が直接現場に介入するべきかと悶々としたのですが、№2が入ってきてからは、表に出て直接やりとりすることのデメリットを回避できました。

状況が変わって心配事やトラブルが発生したときほど、違う観点からの意見が欲しくなります。こうした新しい場面では、反対意見を出して修正していきたいし、まったく異なる切り口で考え直してもいいわけです。しかし、現場と経営者の考えが異なった場合、経営トップが先に意見を出してしまうと、現場で別の考えがあったとしてもトップに逆らえず表に出さなくなる可能性があります。№2がいてくれると、現場の声が生きたものとなってきます。

もう一つ、現場とのコミュニケーションで変わったことが現場からの反応のタイミングでした。経営トップからの指示や依頼への対応時間が遅くなって、組織として大きくなってきたことを実感しました。トップから直接指示をした際はその反応がすぐ返ってきますが、それぞれの部署やチームのなかでミーティングなどの時間をもって精査するようになれば当然時間がかかってくるはずです。No.2が動き出すと、組織の階層が機能して、経営トップへ上がってくるリアクションが遅くなってくる。このようなところから、少しずつ実感していきました。

組織構造をデザインする

No.2を組織に擁立した際に、最初に取り掛かるのは、指揮命令系統の整備です。現状調査と情報収集からスタートしました。誰が誰に報告や相談を上げるのか、判断や意思決定は誰が行うのか、さらに責任と権限の範囲をどこまでにするのかなどといったものです。少ない人数の間は細かいルールはむしろ杓子定規で邪魔に感じるものですが、一定程度の人数になると、組織を構造化し、権限と情報の流れを整備しておく必要があります。

組織構造とは、組織を設計するにあたって職務の分化（機能や役割が異なる固まりをユニットとして分離して個別に管理する仕組みをつくること）により、組織全体のパフォーマンスが最大になるよう組み立てることをいいます。組織構造の設計にあたっては、初めに業務を抜け漏れなく洗い出し、職務としての機能や専門性を整理したあと、組織を構造化する要素として事業を部門化する切り口を決め、各部門の管理権限と責任の範囲を定め、各部門をつなぐ指揮命令系統を整理し、一定程度の規則化を図ります。

組織構造は経営戦略と強く結びついています。いい換えれば、経営者の戦略を組織的に実行するための分業システムが組織構造なのです。

自社の事業が何を第一にした運営を目指しているのか、その目的によって取るべき組織構造は異なります。

組織構造には、機能別組織、事業部制組織、カンパニー型組織、マトリクス型組織といったタイプがあります。

機能別組織は、営業や製造、開発、総務、販売、人事、経理など、組織を運営するための機能別に部門をつくる考え方です。部門ごとの専門性を高めることができ、意思決定の権限を部門長におくことで管理しやすくなります。職能別組織とも呼ばれ、企業組織の多くで採用されています。一方で、機能に特化した権限になり、事業としての判断や最終決定については経営者側で全体を俯瞰して行う必要があります。大規模組織では、事業部の

図表７　組織構造の概念図

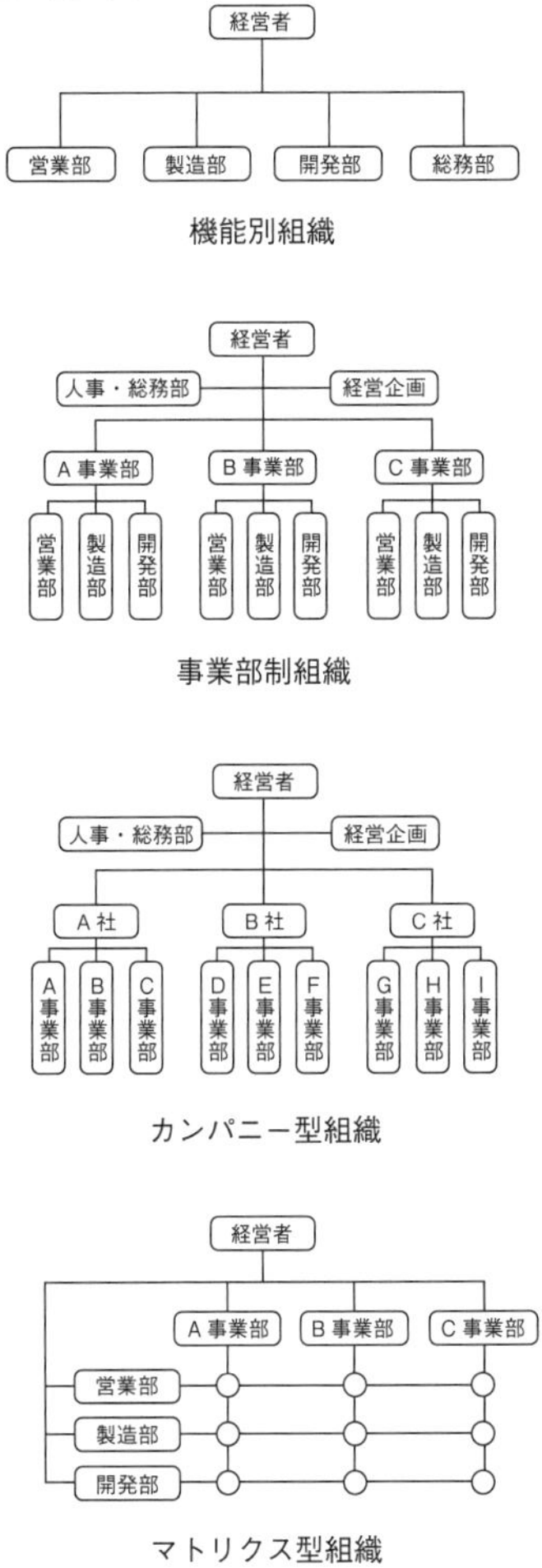

著者作成

なかを機能別に構成する場合もあります。

事業部制組織は、事業ごとに営業から生産・販売・経理まで一括してプロセス管理する部門をつくる考え方です。事業部門の区分には、地域別、商品・サービス別、顧客別などが考えられます。事業部門ごとの責任が明確になり、事業部間での業績の競争が進み、専門知識や人材などが事業ごとに整理されるため、スピードを重視した事業運営に向いています。一方で、事業部門ごとに独立した動きとなるため垣根が高くなって協働や連携、資源の配分などに競争や葛藤が起きやすく、組織全体としてのシナジー効果が少ない点や、スピーディな事業展開にするためには各部門で経営資源をもつ必要があり、全体で見ると重複してしまう点が課題として残ります。課題解消のため、事業部を統括する「本社機能」の組織をおくことが多くなります。本社機能としては、各事業部の業績評価、企業全体の戦略コーディネートといった全社統括の機能に加え、安全・法務などの専門職の機能を担います。

カンパニー型組織は、事業部制組織で展開する組織のまとまりがさらに専門特化したもので、持株会社が認められるようになってから大規模企業を中心に広まりました。事業部制組織に比べると経営戦略の実行に向けて柔軟に動けるようになる一方、本社の期待に応えられないカンパニーは買収や売却などの対象となる可能性が高くなり、本社機能とカンパニーの間で緊張感が強いのが特徴です。

マトリクス型組織は、機能別組織と事業部制組織の考え方を組み合わせたもので、営業や販売といった機能と、地域などの事業との組み合わせで組織管理します。期間と部門を限定したプロジェクト単位で組織を立ち上げる際に用いられることもあります。部門横断的に組織が構造化されるため、知見その他の交流には向いていますが、異なる組織構造の組み合わせにより指揮命令系統が複数存在することになり、管理が複雑になります。

私の会社の組織構造は、事業部制組織に本部機能をおいて階層化したものとし、指揮命令系統を整理していきました。

情報伝達系統をデザインする

組織体制が形になってきたら、次は情報伝達系統の整備です。組織が活動するためには「ヒト・モノ・カネ」といった資源が必要になりますが、これらの資源を効果的また効率

図表８　意思決定のプロセス図

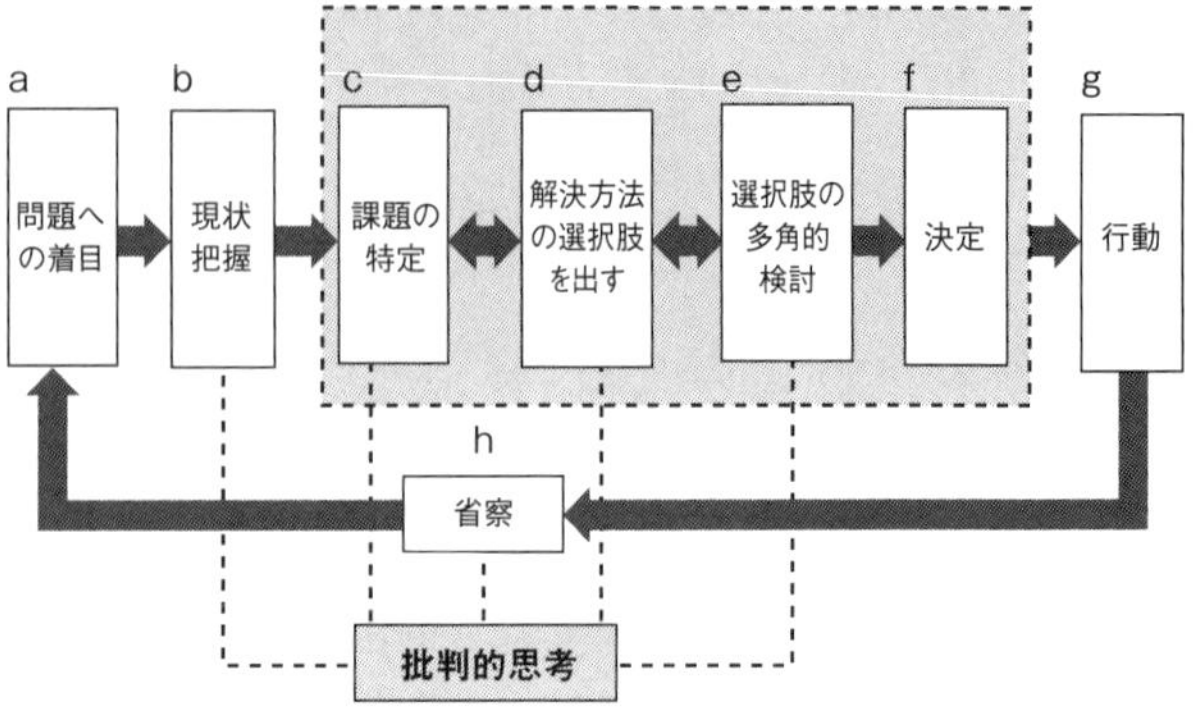

出典：『SDGsと家庭科カリキュラム・デザイン』荒井紀子、2020年、教育図書

的に活用し成果を出すために不可欠なのが情報の仕組みです。

情報には、誰が誰に対して何の手段を使って発信し、受け取ったものをどう処理して次に送るかという情報処理の流れを明確にしていく必要があります。組織が行う情報の伝達は、単なる親睦ではなく、事業として成果を出すための意思決定を行う際の判断材料となるものを取りまとめ、適時・的確に送り届けなければなりません。

意思決定のプロセスとしては、問題への着目（課題となるテーマに対する仮説の立案）、現状把握のための情報収集、課題の特定のための情報集約、とりまとめ情報からの見通し・予測による解決方法・改善策の立案、選択肢の多角的検討による決定シミュレーションを経て意思決定に至る流れがあります。さらに、決定内容に沿って行動した結果を、それまでの意思決定プロセスも含めたフィードバック・ふりかえりにより批判的思考で省察し、問題の整理を行うＰＤＣＡサイクルで業務改善を図ることが望まれます。

このため、情報処理の流れを検討する際には、業務の棚卸しを行い、最も効率的なフローに整理したあと、情報の発信元と受信先を特定した情報伝達ルートを決め、どの段階で何の情報が必要になるのか、情報の収集・集約・とりまとめ・判断のフェーズごとに必要な情報内容を整備し、意思決定を行う権限と決定後の共有範囲と内容を確定させます。その後、情報処理プロセスのフローに最適な情報通信手段や連絡先などを整備し、ルール化しておくことが求められます。

私の会社で№2と初めに行ったのは、組織内でのコミュニケーション状況の現状把握と日々の記録の状況調査でした。当初、各事業所の日報や売上記録というものがデータになっていなかったのです。例えば、訪問看護のメンバーが10人いたとして、この日は誰が出勤していて、新規案件が来ていて、どのくらいの売上があって、といった一日の記録がまとめられておらず、介護請求ソフト内の数字だけで判断していました。記録が残っていないと、社内のたくさんの相談事や悩み事が、クローズドの世界で行われ、周囲の誰にも分からず、誤った情報のまま既成事実のように出回ってしまったり、状況が勝手に進行しトラブルになったりしかねません。

そこで、情報共有ツールとして企業用のグループウェア（社内の連絡や業務管理を統合的に行い、効率的に情報共有ができるシステム）を導入しました。連絡ツールを社内システムとして導入したことにより、日々の現場の様子がどこからでも確認できるようになりました。それまで同じ部署内で漠然とした記憶を共有しているだけだったのが、システムを経由してどの部署の者でも対応や売上などのデータを共有することができます。使い方を間違えればむやみに競争を生み出すことになりますが、うまく使えば、日頃から同じ社内の仲間がどんな動きをしているのか、どのような対応で何の問題を抱えているのかなど、互いの様子を知ることができます。急なインシデントでどこかの現場に大きなトラブルが起きたときでも、前日までの状況がアップされているため捕捉しやすくなります。

生産性や効率化など概念的な話だと自分ごとになりづらく、意識が薄れがちですが、こうした具体的なシステムで現場の作業にメリットがあることを分かってもらえれば、自然と取り組みも進んでいきます。もちろん通信技術やパソコンやアプリの操作、入力ルールなどを覚える必要があり、部署によって浸透具合に差が出てくる点に注意が必要です。実際、とある部署からはずいぶん抵抗を受けました。

このシステムのメリットは情報を容易に閲覧できることですが、それは売上も可視化できるということです。売上の可視化が、組織内にむやみに競争意識を生み出したり、可視化アレルギーを引き起こしたりといったこともあります。反発の強い部署に対しては、焦らず待つことも必要です。周囲の部署が次々に導入し、使い始めているのをしばらく見ていてもらうことで、いずれ自分たちの部署でもしないといけないものなのだという理解を得やすくなります。

従来は意思決定された内容のログが残されておらず、なぜそのような取り決めが適用されているのか誰も説明できないルールが散見されました。そのため情報共有や指揮系統などの仕組みを整えるのは、目に見える効果が得られやすく、初めに着手するものとして最適です。

組織に№2を起点としたトップダウンの仕組みをつくる

現在の組織の階層は4層あります。まず現場の一般スタッフは直属の上司である各事業所の管理者に相談します。その上の階層は、いくつかの事業所がサービス内容ごとにまとまった事業課で、ここの管理者に報告が集まります。そして、課ごとにまとめられた報告が、その上の階層の部に上がり、部長から統括本部の№2に報告されるという流れです。

直属の上司に相談した際の資料を上層の管理職の者がグループウェアのなかで共有できるため、今誰がどんな相談をしているのか、相談した結果がどのような対応になったのかといったことが分かります。緊急で決裁が必要になるものでなければ、どんな相談だったのかだけ把握しておき、落ちついた頃に経営者からも話しかけてみようか、といった具合でワンクッションおいた接し方ができるようになっています。

№2には、事業所のスタッフをコントロールできる権限をもたせます。具体的にいうと、権限と責任をセットにして、№２の影響が及ぶ範囲を確定します。

基本的に、権限の範囲と責任の範囲は完全一致させます。当たり前のようですが、実際のところ、頭では理解していても現実はずいぶん異なっている例を見てきました。責任は取らされるのに権限をもっていなかったり、権限を行使するのに責任を取っていなかったりしていては話になりません。№２は経営者の右腕です。社内スタッフの人事を含め、事業所の経営を公平にジャッジし取り回しを任せた運営のトップです。もちろん事業所トップとしての経営の最後の責任は私、経営者がまるごと背負います。権限と責任、そして覚悟を、経営者の右腕として支えるのが、№２なのです。

私の会社では、ほぼ全域にわたり、№２の権限と責任が及びます。取締役付きのＣＳ（カスタマーサポート）関係は、全体構成としては範囲外となっていますが、事故対応と苦情相談のリスク管理関係は、担当責任者として№２が兼務していますから、実質的にはＣＳ関係も権限と責任をもった形になっています。

組織図で唯一、統括本部より上に位置し、権限が独立している部署はレクリエーション部門です。これは、とにかく社員が楽しもうというときに、No.2の存在を忘れて社長と社員が企画・実行できるよう、息抜きをもたせた構成にしているからです。No.2がどんなに反対しようが、社長とレクリエーション部門が決めたら実行です。予算もついています。ここだけはNo.2の手が出せないところです。

ところで、介護業界の場合、制度上、管理者や責任者という名称で書類への登録をするものがよくあります。同じような言葉を使っているため紛らわしいですが、実務の経営を考える場合の社内体制とはまったく別物です。

No.2は情報の「ハブ」

No.2の存在を一言で表すとすると、情報伝達の「ハブ」、各セクションをつなぐ情報の結節点といえます。

No.2は経営トップの直下の階層、統括本部の本部長です。統括本部からの情報は、部、課、事業所と階層を経て、現場の最先端にいる一般職員へと届けられます。また逆に、最先端の一般職員の声は、事業所、課、部でさまざまな会議を経て階層を通り、統括本部の№2まで情報が集まってきます。この双方向の情報の流れの結節点として機能しているのが№2です。ここを通らなければ各部へ情報は回りません。また、№2を通らなければ、各現場の情報は経営トップにも届かないのです。

介護業界は、保険制度上の制約も多く、書類上の管理者や責任者を設ける必要があり、セクションごとに窓口や代表者などが決められています。うっかりするとかなり縦割り状態になってしまいがちです。このことからも、情報はセクションごとに完結させるのでなく、部門を越えて社内全体で情報を共有し、各自の業務に活用する仕組みを構築したいところです。

情報のルートをまったく設けずになんでも全体で同時に共有することにはリスクもあります。グループウェアのような情報処理システムを使えば、特段の報告ルートを設けなくても情報をアップして全体共有することは可能です。しかし、その場合、誰がどこまで情報を把握したのかが明確にならず、自分ごととしての受け止め方は薄くなります。不特定多数のユーザーに届くメルマガのようなもので、自分に関係ある情報だという認識をもちづらいのです。またいつ誰がどの情報をアップしたのか、どれが最新バージョンなのかなど、情報の管理の状況も把握しづらく、自分で情報を探しにいく必要があるため、情報収集能力の差が出てしまうかもしれません。また、緊急性の高い情報などは、できるだけプッシュ型の通知（自動的に各自の手元に届いて情報が来たことを知らせる機能）にして、情報に気づかなかったというミスを防ぐ必要もあります。

このように見ていくと、№2をハブとして情報の受け渡しのルートが決まっているというのは、とても合理的だといえるのです。

情報の伝達・共有手段については、それぞれに長短があります。いくつかの方法を組み合わせて共有の仕方を変えるのも一案ですが、メディアが多くなると、何の情報をどれで確認すればよいのか分からなくなる恐れもありますので、2～3種類を決めておくとよいです。

情報には、突発的トラブル事象や申し送りの必要な情報のように、頻繁に変化するため

図表9　ICT機器・ソフトウェア製品の一般的な機能

訪問介護向け

No.	機能一覧	機能概要	主なユーザー
1	システム管理	セキュリティ設定、アカウント設定、操作ログ確認などを行う機能	管理者 / サービス提供責任者
2	シフト表作成	ヘルパーのシフト表を自動作成する機能	管理者 / サービス提供責任者
3	基本情報作成	利用者情報の登録・参照・更新・削除を行う機能	サービス提供責任者 / 介護職員
4	計画書作成	訪問介護計画の登録・参照・更新・削除を行う機能	サービス提供責任者 / 介護職員
5		サービス提供票の登録・参照・更新・削除を行う機能	サービス提供責任者 / 介護職員
6		サービス提供票の取り込みを行う機能	サービス提供責任者 / 介護職員
7	記録作成	介護記録の登録・参照・更新・削除を行う機能	サービス提供責任者 / 介護職員
8		介護記録の外部データへの出力機能	サービス提供責任者 / 介護職員
9		介護記録の集計・分析を行う機能	サービス提供責任者 / 介護職員
10		業務日誌の登録・参照・更新・削除を行う機能	サービス提供責任者 / 介護職員
11		申し送りができる機能	サービス提供責任者 / 介護職員
12		連絡帳の登録・参照・更新・削除を行う機能	サービス提供責任者 / 介護職員
13	実績化	各種記録と報酬請求情報の突合を行う機能	サービス提供責任者 / 介護職員
14	請求管理	事業所加減算の管理、算定処理、集計処理、利用者負担の請求などを行う機能	サービス提供責任者 / 介護職員
15	介護報酬請求	国保連合会への報酬請求の際の確認を行う機能	サービス提供責任者 / 介護職員

通所介護向け

No.	機能一覧	機能概要	主なユーザー
1	システム管理	セキュリティ設定、アカウント設定、操作ログ確認などを行う機能	管理者
2	計画書作成	ヘルパーのシフト表を自動作成する機能	生活相談員 / 介護職員
3		サービス提供票の登録 参照 更新・削除を行う機能	生活相談員 / 介護職員
4		サービス提供票の取り込みを行う機能	生活相談員 / 介護職員
5	基本情報作成	利用者情報の登録 参照 更新・削除を行う機能	生活相談員 / 介護職員
6	記録作成	事業所への入室・退室の登録 参照 更新・削除を行う機能	生活相談員 / 介護職員
7		介護記録の登録・参照・更新・削除を行う機能	生活相談員 / 介護職員
8		介護記録の外部データへの出力機能	生活相談員 / 介護職員
9		介護記録の集計・分析を行う機能	生活相談員 / 介護職員
10		写真・動画の撮影・参照を行う機能	生活相談員 / 介護職員
11		業務日誌の登録・参照・更新・削除を行う機能	生活相談員 / 介護職員
12		申し送りができる機能	生活相談員 / 介護職員
13		看護記録の登録・参照・更新・削除を行う機能	生活相談員 / 介護職員
14		連絡帳の登録・参照・更新・削除を行う機能	生活相談員 / 介護職員
15	実績化	各種記録と報酬請求情報の突合を行う機能	管理者 / 事務職員
16	請求管理	事業所加減算の管理、算定処理、集計処理、利用者負担の請求などを行う機能	管理者 / 事務職員
17	介護報酬請求	国保連合会への報酬請求の際の確認を行う機能	管理者 / 事務職員

出典：厚生労働省『介護サービス事業所におけるICT機器・ソフトウェア導入に関する手引き』

リアルタイムで状況を把握して対応判断を行う必要がある「動的情報」と、対応結果の記録や利用者情報の登録・更新のように、正確にデータを積み上げておきのちの集計や解析に活用する「静的情報」の2種類があります。

№2が「ハブ」となって把握し判断や対応が求められるのは「動的情報」であることが多く、これについては、判断に必要となる情報をできるだけ早く取り出せるよう、いつ・誰から・どんな情報が入ったかが分かる情報の一元化システムを取り入れ、情報が書き込まれたらプッシュ通知ですぐに気づくようにしておくとよいです。また、情報の重要度が分かるような件名にしたり、マークアップしたりすると見落としが減ります。

一方、すぐに対処がいるものではない記録データや、定時の申し送り・確認事項のような静的情報については、いつどこからでもアクセスして入力でき、自動集計で常に最新情報に更新されたデータを引き出せるクラウドベースのデータ管理システムが便利です。

介護サービスに必要な機能を搭載したICT機器やソフトウェアであれば、システム管理、シフト表作成、利用者の基本情報管理、計画書作成・管理、介護記録の管理、報酬請求情報との突合などの実績化、請求管理、介護報酬請求といった機能がセットされているため、自事務所に必要な機能を検討し、導入すると業務の効率化を図ることができます。

厚生労働省では、『介護サービス事業所におけるＩＣＴ機器・ソフトウェア導入に関する手引き』を作成し、導入の効果や導入方法、導入事例などを公表しています。巻末には、導入計画に必要な様式や、医療・看護や情報セキュリティに関する参考資料も載っています。ホームページでは動画による解説や、関連する調査研究資料なども掲載されています。図表９にある機能を念頭に、自事務所に合った情報処理システムの導入を検討するとよいです。システム比較の際には、機能の有無だけでなく、画面からの読み取りやすさや、状況把握のしやすさなどの視点も忘れないでチェックする必要があります。

№２は経営者と従業員の調整役

№２にもってほしいのは、経営トップに対する自分の考えや叱咤激励をうまく言語化する力です。№２は運営のトップとして、経営トップの横に並びます。経営者の右腕として社内の人事その他、事業所としての運営をすべて任されるわけです。当然ながら、決算書をはじめとする経営上の数字に関する話はかなり突っ込んでやりとりすることになります。

№2が、介護事業の数字に関して経営者とほぼ同じポイントを、しかも公平に見ているというのはとても重要な要素です。介護事業の経営に対し、運営としてどうすり合わせていこうかという視点で公平に、№2自身のポイントをもっている。そして、その視点から見えたことを忌憚《きたん》なく経営者に伝える。言うべきことは言い、叱咤激励で、経営者をうまく乗せていく。これが№2に最も必要とされる力といえます。

これは経営者にとってかなり覚悟のいる話になります。おそらく、中小の介護事業者の経営者は、決算書をはじめとする会計を他の職員に見せるというと、自分の内臓をわしづかみされるようで、かなり抵抗があるはずです。中小企業の決算書には、悪意はないにしても、大なり小なりブラックボックス化した部分があるからです。しかし、説明のつきづらいあいまいな部分も含め、月次年次の締めも決算書もすみずみまで経営者と同じものを見て、経営視点からの意見をしっかり出していく者でなければ、真の右腕となる№2は務まりません。

私と№2の間には、今月はなぜこんなに予算を使っているのか、などという会話が日常的に飛び交っています。どんな数字を見ているかは、右腕としてかなり大事なファクターです。

ですから、No.2と経営者はしょっちゅう口喧嘩をします。ただし、最終的に決定したことに関してはたとえ自分が反対した内容であっても全力で遂行しなければなりません。意思決定までの議論のプロセスが大切なのであり、これができていないワンマン経営者をよく見ます。そのため私の場合は、No.2と議論する際は「絶対」と「そもそも」という言葉を使わないことをルールとしています。これを心掛けるだけでも、理性を保ったまま言葉を言い返すことができるためです。

とはいえ、本気で口論になりますからそのときはもう腹が立って仕方ないのですが、のちには冷静に、社長ではなく会社のことを一番に考えているからの意見だと受け止めています。社長に対しても、現場の最前線で働いている一般社員に対しても同じ態度で公平に、会社の運営を第一にした視点でぶれずに意見を言ってくれているのだと思えます。経営トップの描く未来の介護事業像、事業所の姿をしっかり理解したうえで、公平な視点で社員に伝えようとしてくれている。経営者と従業員の間に立って上と下を公平に近づけようという度量を、No.２の能力として買っているのです。

No.２は右腕として「控えて」いるわけではありません。よくあるのが、社長と幹部社員との間に入って調整役になってしまっている残念なNo.２です。社長を特別扱いして気持ちを汲み取ってしまい、公平に経営者を叱ることができていないようではNo.２とはいえません。

社長の横にいて逆らわない鞄持ちやイエスマンはもちろん、スタッフから意見を吸い上げてとりまとめ、社長へ代弁する立ち位置の人も、No.２ではありません。No.２は、社長も社員も関係なく公平にジャッジし、意見が異なるときは面と向かって違うと言い、噛み砕き腹に落とし込んで、事業所としてうまく回るように動く人なのです。

いろいろなチャンネルを開ける

No.２が経営者と従業員との間に入ったときのメリットとしてもう一つ、社内コミュニケーションに関することがあります。やはり、社長がその場にいないほうが話しやすいことが多くあります。仲間と一緒に事業を立ち上げてきたと思うと、私個人としては寂しいところですが、経営トップには最終的な決定権が与えられている分、うっかりしたことを言うと大変かもしれないと、落ちつかない気分になるのは自然なことです。

一般社員にまんべんなく話しかけてコミュニケーションを取る役回りを№2が引き取ってくれると、社長が直接聞いて回るより本音の声がクリアに上がってきます。もちろん、№2にも人事を含め広い範囲の権限が与えられていますから、実際のところは社長並みに用心して話すほうがいいはずなのですが、№2は同じ社員同士であることからも、親しい存在と認識されるのだと思います。もしかすると、いろいろ権限をもっているのだから、あれこれ訴えれば何かしてもらえるかもしれないと期待が入っていることも考えられます。

№2にはどんどん現場に出てコミュニケーションを取ってもらいたいと思っています。それも、現場で得た声をとりまとめて仲介するのではなく、与えられた権限と責任の範囲のなかで判断し、右腕として、臨機応変に動いてもらえたらと考えています。経営者はその様子を間接的に感じて、必要になったら出ていくというイメージです。このように№2は社員とコミュニケーションを行いさまざまな情報を得ますが、そのまま社長へ伝えることはしません。直ちに報告すべきか、タイミングを計るべきか、あらかた解決の方向性を出してから報告するべきか、取捨選択を行い社長に伝えます。

報告内容についても、こんなことがありましたがどうしましょうか？とうかがいを立てるような報告ではいけません。こんなことがありましたが解決するためにはA案、B案、C案があり、各案のメリットとデメリットについても述べたうえで、どの案を採用するべきか見解を述べるべきです。社長はその取捨選択を信用していると思います。

№2が臨機応変に動けるポジションだから、現場はいろいろな話をします。相談事だけでなく、現場ならではの工夫やアイデアも拾えます。それに伴い、多くの新しいチャンネルが開いていきます。2040年を乗り越えるヒントもきっとそのなかにあります。現場の土深くに眠っている事業の原石を掘り起こすのも、№2の大切な役割です。

また、№2にも職務を行ううえで頼りにしているスタッフや優先的に育てたいスタッフがいるはずです。それが誰なのかを経営者が知っておくことは事業拡大や連絡相談のプロセスモデルを構築するうえで重要です。

トップは目標地点、№2はカーナビ、従業員は運転手

介護ビジネスには「論語」と「算盤」のバランスが重要ですが、ビジョンを語る経営トップと運営のハブとなり実務を回す№2による「トップ＋№2」体制は、まさにこの2つの役割分担で介護事業を推し進めるものです。

知らない土地を長距離ドライブする自動車に例えてみると、経営トップが示すビジョンは目標地点、№2は目標地点を入力すると最適ルートを示すカーナビです。従業員は運転手で、ルートどおりに走ってくれます。道からそれてしまったら、ナビが軌道修正ポイントを示すからリカバリーしながら走ることができます。

現場で介護サービスを回していくのは従業員です。そのパフォーマンスはすばらしいものがあります。その力を最大限に発揮して介護事業の理想形を実現できるよう、トップが目指す方向を示し、№2がそれに向かうルートをつくり、環境を整えていくのです。途中「正義」と「商売」のどちらかに偏ってルートを外れそうになったら、適度なアラートを出して気づかせ、軌道修正のためのルートを示します。連続運転で疲弊しないよう、休憩

を勧めたり、暗くなってきたら明かりをつけたり、スピードを出し過ぎないよう注意を促したりと、ナビはこまめに運転手に指示を出し、的確に運転手を導きます。その間、目的地はぶれずに方向を示し続け、ゴールまでの距離と時間の目安を出しています。

目的地を入力しないナビゲーションは、ただの地図でしかありません。どこに向かって走っているのか分からないのは不安です。何のためかも分からず細々と売上や生産性の話が出てきたら嫌になってしまい、現場のモチベーションも下がって、事業所という車を降りてしまいます。

もう一つ、№2のもつカーナビ機能ですが、事業所としての強みが見えていないとアンカーポイントが打てず、ルートを出すことができなくなります。このため№2は、従業員とのコミュニケーションを大切にし、現場の管理者と定期的な面談などを行って情報を集めます。さらには、日々の記録や決算書といったデータをひもとき、総合的に判断していきます。

事業所が立地する地域の状況把握もナビの大切な役目です。介護事業を展開するその地域にどのような課題があり、参入する介護事業者に何を期待しているのか、提供側の自事業所にはどんな武器があり、どのくらいの体力があるのかといった点を把握します。No.2は、目標地点として示されている経営トップの考え方を分かったうえで、このようなアンカーポイントを打っていき、最適なルートを算出するのです。さらにNo.2は、パンクしていないかや燃料は足りるかなど、整備士のごとく事業を継続するうえで問題がないかを確認しアラートをかける機能をもっておくといいです。

事業計画書のPDCAサイクルで経営感覚を高める

経営者とNo.2がコンビを組んだ「2トップ体制」は、2040年問題に立ち向かうための強い推進力となります。特に、2トップが経営と運営をしっかり分けて役割分担すると機動力ができ、新しい生き残りのヒントも見えてくるはずです。

実際のところ、小規模事業者の場合だと、初めはNo.2を確保しての役割分担は難しいことも考えられます。適任者が見つかるまでは、介護事業としての役割や機能を配した組織体制が必要であることを理解し、「ここは運営」「これは経営」と仕分けて判断や決断をしていくとよいです。一人でもチームでも、役割を決め目的に沿って事業を動かす「マネジメント」は、重要な経営スキルです。

大切なのは、どちらか一方に偏ってしまわないことです。経営トップと№2は、両者がちょうど天秤の両端のように、釣り合いが取れた状態になっている必要があります。経営トップが「こんな事業をやっていく、みんなで頑張ろう」と理想を打ち上げたなら、№2は、「それに取り掛かるにはお金がいる、人がいる」と具体的に実現可能な形へもっていきます。経営トップと№2は50対50で釣り合い、同じ量のエネルギーでバランスを取っていくことが望まれます。

人間誰でも性格に向き不向きがありますから、必ずしも経営トップが理念を説かねばならないわけではなく、経営トップと運営トップで理想と現実の説く役割が逆になっても構いませんが、一つ注意しておくとすると、それは一人の人間のなかで両方の立場が混じってしまうことです。もちろん実際の考えはグラデーションで、0か100かという極端な考えで進む人はいませんが、あくまで体制上の役割分担の話として、どちらとも取れる半端な状態だとかえって周囲に分かりづらくなってしまいます。経営の役割分担は誰にでも分かりやすい主張となるような演出も、時には必要になるのです。

経営トップと№2の役割分担をどのように鍛えていけばよいのかについては、事業計画のPDCAサイクルによる課題改善の仕組みを活用することができます。

事業計画書は、介護保険事業者としての指定を受ける際の申請時に添付するものであるため、事業の立ち上げ時に記載したきりで見直す機会はあまりない経営者もいると思います。しかし、事業計画書には、事業者としての経営戦略や事業内容、収益見込みなどを、自治体や金融機関などへ分かりやすく伝えるために、具体的なビジネスプランが記載されています。事業計画書の記載内容と現在の経営状態をチェックすることにより、自事業所の全体像を俯瞰し、より良い経営方針を立てるための基礎情報とすることができるのです。

厚生労働省からは、市町村および都道府県に対し『介護保険事業（支援）計画の進捗管理の手引き』（2018年7月30日）が公開され、PDCAサイクルによる介護保険事業の定期的な見直しを図る仕組みが構築されています。介護ビジネスは地域ニーズによって異なる高齢化の状況や介護の需要を踏まえ、「地域包括ケアシステム」の深化・推進のな

図表 10　介護保険事業（支援）計画における QC ストーリー

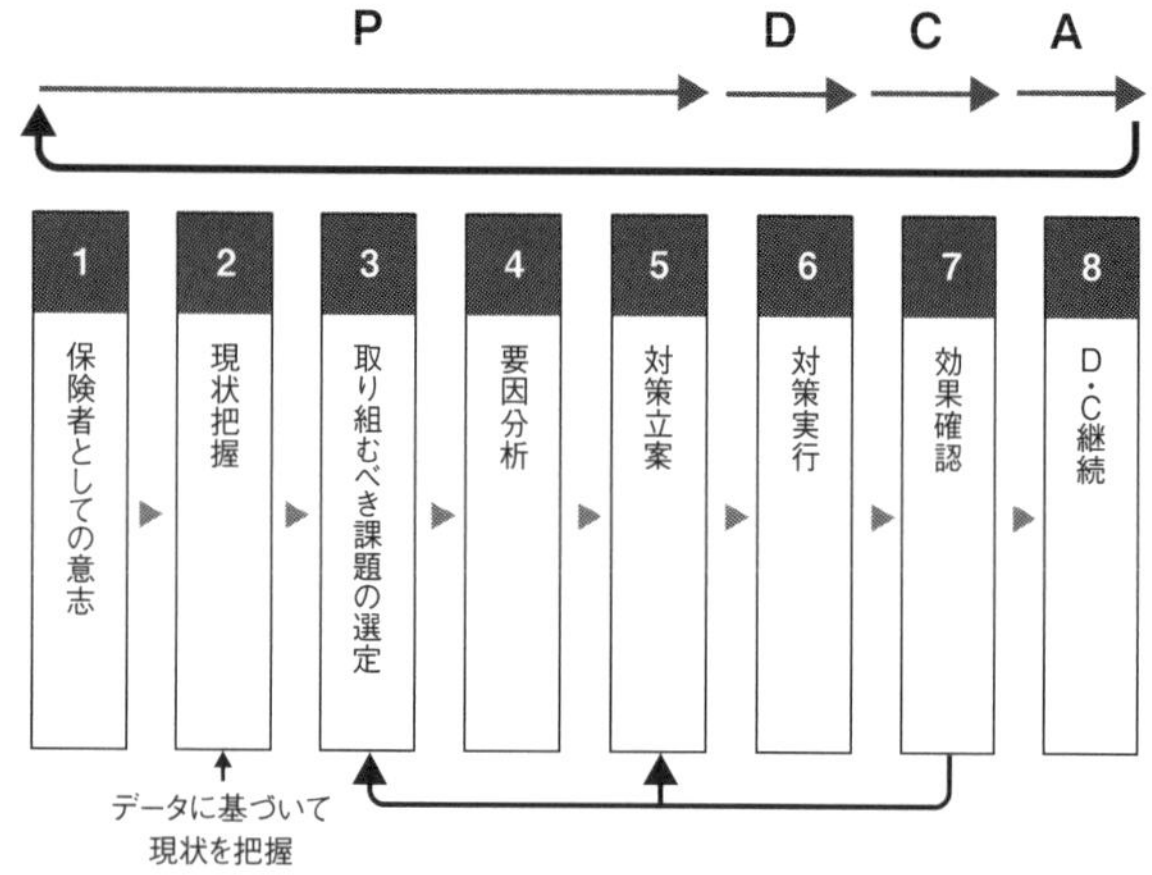

出典：厚生労働省『介護保険事業（支援）計画の進捗管理の手引き』

かで具体的な取り組みの進捗管理が求められており、自治体の作成する介護保険事業（支援）計画は、法制度の改正のサイクルと連動して3年に一度作成することとなっています。厚生労働省としては自治体の予算編成や多くの事業が単年度で行われること、また職員の異動が法制度のサイクルとは無関係に行われることなどを考慮して、少なくとも年度ごとにPDCAサイクルで見直すよう求めています。

介護事業者の事業計画も、自治体が取り組む地域包括ケアシステムの大きな輪のなかで進むものです。所在地の自治体が作成する介護保険事業（支援）計画に目を通し、そのなかで自事業所がどのような位置づけになっているのかを把握しておくとよいです。また、自治体の見直しサイクルが分かればそれに連動させたＰＤＣＡサイクルで自事業所の事業計画書をチェックする仕組みをつくっておくと効果的です。

ＰＤＣＡサイクルを回して改善する場合、具体的な改善ポイントを明確にするには、品質管理分野でよく用いられる「ＱＣストーリー」の考え方を参考にするとよいです。

ステップ①　保険者としての意志：事業計画書から、達成しようとしている取り組みや目標を確認します。

ステップ②　現状把握：これまで実施してきた事業内容や収支などの実績データから、自事業所の経営の現状を把握します。

ステップ③　取り組むべき課題の選定：目標に対する達成度をできるだけ定量化して分析し、未達成部分に対する課題と目標時期を、目標と照らし合わせながら設定します。

ステップ④　要因分析：課題を構成する要素や要因を、より具体的なものに細分化して整理します。ツリー構造やマトリクス構造などフレームワークを用いると見える化しやすくなります。

ステップ⑤　対策立案：課題改善のための対策案を出し、優先順位をつけて整理します。費用・難易度と効果、重要度と逼迫《ひっぱく》度などの2軸で整理すると検討しやすくなります。

ステップ⑥　対策実行：立案した対策を実施していきます。

ステップ⑦　効果確認：設定した目標に対する達成の有無を確認し、達成できた／できなかった要因を分析します。課題解決につながっていない場合は、ステップ④・⑤に無理があった可能性があり、見直しを図ります。

ステップ⑧　D・C継続：ステップ⑥～⑦（状況に応じて④～⑦）を継続的に実施します。

№2の見つけ方

小規模事業者だと全体の人数がそもそも少ないため、経営トップと№2を分けることが難しいかもしれず、人を分けない場合は一人のなかで両者の要素を切り替えることが望ましいです。とはいえ、一人で経営トップと№2という両極のクセある人物を演じ分けることはなかなかできないと思います。そのため№2は事業所規模によらず確保したいところです。

理想的な№2そのままの人物がすぐ横にいることは基本的にあり得ませんから、これはという人を探し出し、経営トップとの相性を見ながら育てていく形になるはずです。

№2の候補は、社外から連れてくるか、社内にいる人から見つけ出すか、の二択になるだろうとは思います。外部から招聘《しょうへい》するとなると費用的にも相当の覚悟が必要になりますし、現実的には社内から探し出す、ということになりそうですが、№2を配置したのちに起きる大規模な体質改善を考えると、外部から人を連れてきたほうが、既存の従業員の不満や不安は少ないかもしれませんし、内部の事情を知らないからという理由で忖度なく入

図表 11　訪問介護サービス評価基準の例

1　サービス提供の様式 (27 項目)

利用申し込みから利用終了までの手続きに関する項目
訪問介護計画に関する項目
サービス提供の工夫に関する項目
利用者・家族とのコミュニケーションに関する項目
利用者の記録管理に関する項目
利用者のプライバシーに関する項目

2　サービス内容 (31 項目)

各サービスに共通な項目
サービス提供の事前事後に関する項目
個々のサービスに関する項目

3　サービス提供体制 (20 項目)

職員の配置・体制に関する項目
サービスの質の確保に関する項目
他機関との連携に関する項目
衛生管理に関する項目
施設・居住環境の整備に関する項目
事故対策等 (リスクマネジメント) に関する項目

4　事業の管理・運営 (12 項目)

事業の理念・計画に関する項目
事業の経営・運営に関する項目
人材育成に関する項目

5　地域全体のサービス提供体制 (5 項目)

広報・情報提供に関する項目
関連機関との連携に関する項目

出典：広島県　訪問介護サービス評価基準

り込んで調査できる可能性もあります。どちらにせよメリットとデメリットがありますから、いずれかを選んだら、選ばなかったほうのメリットの補い方を考えておくと、あとあと慌てなくて済みます。

№2候補者の見分け方ですが、この能力さえあれば大丈夫という万能ポイントはありません。ただ、これまでの経験からいくつかのヒントは見えてきます。

1つ目は、経営トップが自分自身の評価を客観的に行うこと、もしくは、他者からの評価やフィードバックを素直に受け止めることです。№2は、経営トップのステータスの凸凹を埋めてバランスを取る役割を担います。経営トップに何が不足しているかは人それぞれのため、№2に必要な要素は経営トップ次第となるわけです。自分の特徴を客観的にとらえ、どこを埋める必要があるかを理解していくと、№2がもつべき要素も見えてくるはずです。

例えば、広島県では、介護保険事業者向けに、介護サービスの自己評価基準を公開しています。

このような客観的評価指標に照らし合わせて自己採点し、経営者としてどの部分の運営に弱点があるかを把握すれば、不足部分を補完してくれる№2としてどのような人を迎えればよいかが明確になります。

2つ目の要素は、本気で遊び、喧嘩できる相手であることです。漫才コンビでは舞台での緊張感を保つためにあえて日常は別行動を取るという場合もあるようですが、経営トップと№2の場合、特別なイベント時だけ息の合った様子を見せればいいというものではありません。むしろ逆で、経営上のトラブルなどいつ発生するか分からない事態に対応する必要がありますから、日頃から常に一緒に動いて、互いの考えや現在の状態を把握するのが理想的です。

私の場合、№2とは、もともとゴルフで一緒になって意気投合したという経緯もあって、共通する趣味が多くありました。仕事上だけでなく、遊びに行ったり、スタッフも連れて飲みに行ったりと、プライベートの時間も含め、一緒に過ごしている時間がかなり長いほうです。

いろいろなシーンで一緒にいると、いつも出さない表情が現れたり、意外なこだわりポイントを知ったりと、価値観や哲学など人となりがよく分かってくるものです。また、物事にどこまで本気で食らいついてくるかも見えてきます。ムキになる、羽目を外すという行動は、自分自身をコントロールすることができなくなる一歩手前の状態といえます。仕事でも遊びでも、喧嘩でも、われを忘れて本気になった状態を知っておくと、どこに限界があるのかも見えてくるはずです。本気の状態が現れたとき、情熱の度合いも測ることができます。

アリストテレスの説得の三要素と呼ばれる、人の思考や情動に影響を及ぼす3つの要素があります。「論理（ロゴス）」「信頼（エトス）」「感情（パトス）」です。コミュニケーション理論の生みの親ともいわれるギリシャの哲学者アリストテレスは、この、論理・信頼・感情の三要素がそろったとき人は心を動かされ行動変容を起こすとしました。

この三要素の内訳について、ＴＥＤ（アメリカの非営利団体）の講演会で最も説得力があると評価されたプレゼンの一つ、ブライアン・スティーブンソンの話で、単語４０５７をカテゴライズしたところ、「感情」の影響が65％と、ほかの2要素（論理25％、信頼

10％）を大きく引き離して3分の2ほどを占めたといわれています。時には知識や技能より情熱が、人を突き動かす大きな影響力となるわけです。自分と相性の良い情熱の度合いを知っておく重要性はここにあります。

3つ目は、互いにリスペクトし合える人であることです。経営トップと№2は、両者が互いの凸凹を補い合う形で一本の大きな事業の幹をつくり出します。「この人と一緒に事業をなんとかしたい」と感じ、互いの哲学をさらけ出して遊びも喧嘩も本気で挑むわけですから、相手への尊敬なしには付き合いが続かないと思います。もちろん、親しくなり尊敬しているからといって本気の意見が言えなくなるのでは本末転倒です。尊敬しているからこそ本気で怒るし、本気で反対という延長線上に、信頼があるのです。

職場だけでなくプライベートの付き合いも含め、視野を広くもって周囲を見回すことが大切です。

［第4章］

拡大なくして介護事業の安定なし
ニーズの高い訪問看護事業でさらなる発展を目指す

経営を安定させるには拡大を見据えた事業展開が重要

介護サービスは慈善事業ではありませんから、経営トップの経営理念と№2の実働部分をうまく融合させたビジネスにしていく必要があります。介護サービスをビジネスとして拡大させていくための経営戦略要素として重要となるポイントがいくつかあります。

介護ビジネスの特徴は、介護報酬にも全体の要支援者の数にも、明確な上限があるため、事業所を出店するまでの市場調査や、出店後の営業・集客といったマーケティング戦略が最もシビアに事業の成否に影響を与えると考えることができます。

国土交通省の「国土のグランドデザイン2050」によると訪問看護の事業所が一つでも存在する市町村の存在確率が、50%となる人口規模は2万2500人、80%を上回るのが2万7500人となっています。つまりこの数値は、自治体が単独で訪問介護事業を立地させ運営しようと考えたら、最低でも人口規模が2万5000人くらいの街でないと持続が難しいということを示しているのです。

図表 12　国土交通省「国土のグランドデザイン 2050」

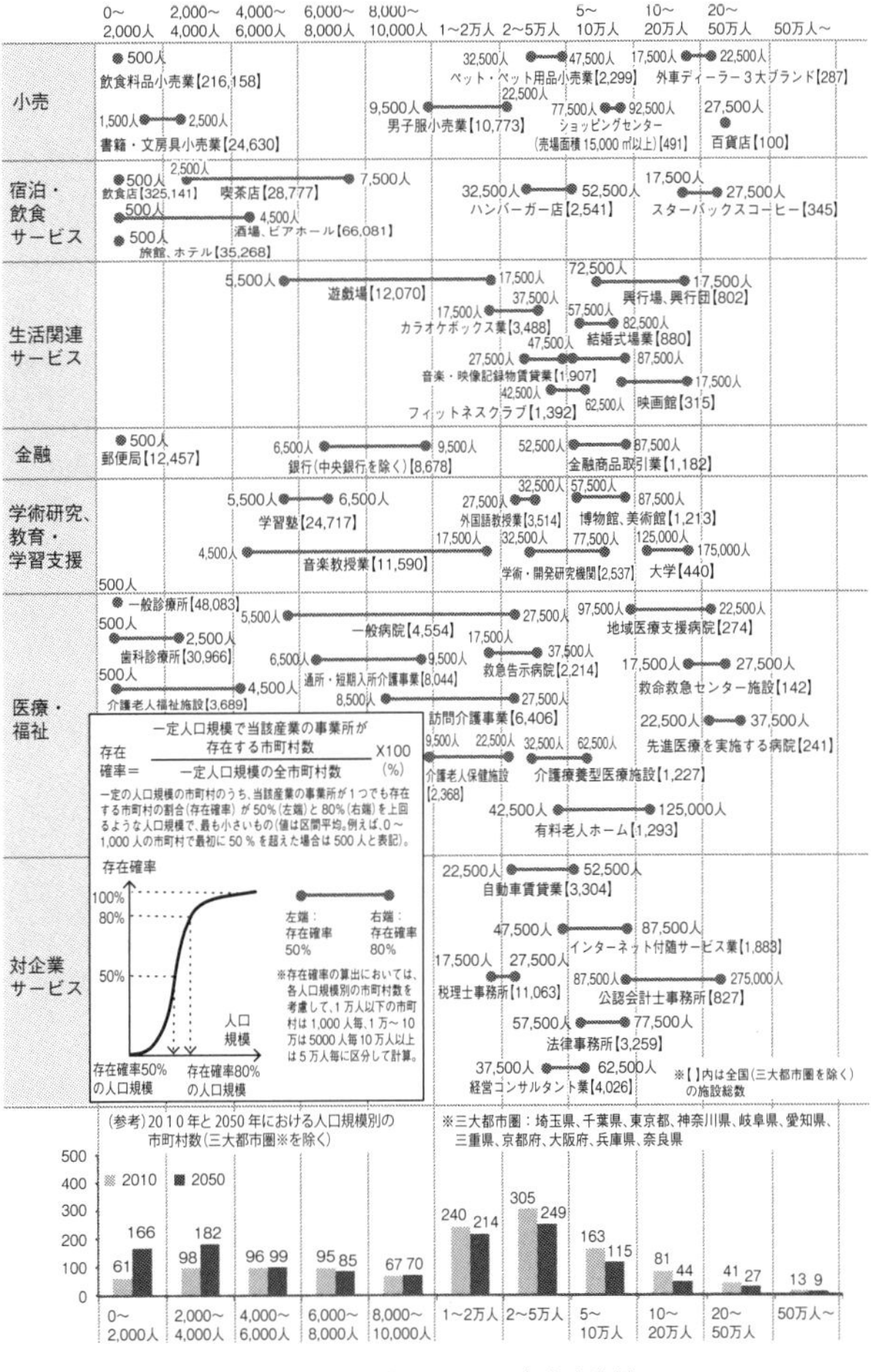

出典：国土交通省「国土のグランドデザイン 2050」参考資料

多くの自治体の人口規模は年々縮小しています。そのなかで、今後も変わらず訪問看護事業を継続的に展開させようと考える場合、どの自治体に事業所を立地するべきかについては経営戦略として熟考する必要があります。その目安として、立地を検討している自治体がどのような人口動態の傾向をもち、将来的な人口規模をどのように見通しているか、都市機能をどのように展開させようとしているかを、都市計画プランなどからしっかりとマーケティングしておくことが肝心です。また、自治体が20万人くらいの規模になってくると、まち全体で多様な機能が充実してくるため、保険診療の介護事業以外のサービスとの競合になってくる可能性もあります。

人口が減少している地域に事業所を開設する場合は、営業計画について前もって大まかにデザインしておく必要があります。

事業を始める前の準備「地域診断」の重要性

介護事業におけるマーケティングである「地域診断」について考えていくと、訪問看護の場合の「商圏」は、中学校区2つ分程度です。一つの事業所を開設したら、その事業所を拠点に、中学校区2つ分くらいのエリアで、介護などを必要とする人の自宅に訪問して支援します。

このように説明すると「では事業所を出店するのは、訪問看護の対象者がたくさんいる校区を探せばいいのだな」と思う人もいるかもしれませんが、実は逆です。訪問型の場合、立地は需要側でなく供給側に配慮して検討する必要があります。

訪問看護は、スタッフが自ら移動して利用者宅へ向かいます。このため、利用者の来店しやすさは問題ではないのです。むしろ訪問看護に行くスタッフが集まりやすい場所に出店するほうが理にかなっています。

この点からも分かるように、持続的に訪問看護の事業を展開しようと思うと、利用者の市場調査と同時に労働力の市場調査も進めておく必要があります。特に2040年問題で指摘してきたように、生産年齢人口は下がる一方です。どんなにニーズのある高齢者が多く居住していても、肝心のスタッフがいないのではサービスが提供できません。無理にやりくりしようとすれば早晩潰れてしまいかねません。これからの事業継続は、労働力の確保のほうがむしろ深刻になってくるかもしれないということは、ずっと頭の片隅に残しておくべきです。

私の会社が出店した地域を例に見ていくと、2020年、コロナ禍のさなかに出店した神戸市垂水区は、行政政策で子育て支援がしっかりしています。また、垂水区は神戸市の端に位置し、隣接する明石市もまた子育て支援政策で全国的にも有名になった自治体です。このため、子育て世代の女性が多く、時間さえ合えば働きたい意欲の多い潜在労働力が多いエリアといえます。そこに出店し、事業所の勤務形態を完全フレックスタイムとし、家庭の事情に合わせて自由に働ける環境をつくったところ、出店してまもなくはコロナ禍にもかかわらず売上を大きく伸ばし、現在は事業所トップクラスの売上となって介護事業の牽引役となっています。

行政と共鳴する地域診断

地域診断は、地域における介護サービスの需要と供給を明らかにします。地域が抱える課題は何か、どの課題が重要か、その課題を解決するために使える資源にどのようなものがあるかを把握するもので、地域包括ケアの推進に不可欠な部署間の連携や住民組織も含めた地域のさまざまな協働に向けて活用される情報となります。

地域診断で得られたデータは、客観的で具体的な説得力ある情報となり、地域包括ケアを連携して進めていくための事業の目標設定や地域の課題共有が可能になります。地域診断を分かりやすくまとめ関係者同士で共有することにより、地域の課題共有も円滑に進みます。

地域診断では、なんらかの指標を示し、比較することによって地域の特徴を明らかにしていきます。地域診断のための分析は、地域間や属性別の比較、年次推移や経年変化、チャートや偏差値など、表やグラフにして行うことが一般的です。

指標は、比率や平均値などの統計データで、地域間の規模の比較や人口動態などの変化の様子なども把握することができます。客観的で根拠のある数値とするため、国勢調査や国・自治体の行った調査結果など、地域全体の傾向が把握できるものを用います。比較対象の自治体と項目をそろえることにより、地域の課題の見える化が進みます。オンラインツールとしては、地域包括ケア「見える化」システム、介護予防政策サポートサイトが、データベースシステムとしては、国保データベースシステム（ＫＤＢシステム）があります。

地域診断の分析に用いるデータは、正確性（実態を正しく表しているか）、内容的代表性（知りたい領域全体を表しているか）、社会的受容性（社会一般が理解しやすく受け入れてもらえるか）、学術的重要性（課題解決にふさわしい対策の見通しが立てられるか）、介入可能性（対策を行うと改善につながるか）、入手容易性（データは入手しやすいか）を目安に採用すると良いです。

このようにして地域の課題を「見える化」し、次のようなステップで洗い出された課題のなかから優先的に対応するべきものを選びます。状況に応じて定量調査だけでなく定性調査も活用します。主なステップは以下のとおりです。

ステップ①　全国や周辺の自治体と比較し、値が特徴的な指標を複数選ぶ
ステップ②　多様な職種や部署、地区特性などを活用し、背景となる要素を探る
ステップ③　地域住民が懸念していることや期待していることなどを把握する
ステップ④　地域の住民互助組織や地域リーダー、事業者など地域資源を把握する

ステップ⑤　国や自治体の施策で活用できる補助金や助成金を探す
ステップ⑥　重要性や効果、介入手段などを加味し、優先的に取り組む課題を絞り込む

新規の事業所を出店する際に実施する地域診断は、地域全体について、現状がどのようになっているのか、それに対して事業所としてどんな働きかけができるのかを見極めていくものです。地域の状況を見ながら行うため、行政の方々から情報を得ながら、一緒に取り組みを進めることが多くなります。

私は起業前は県立病院で働く公務員でした。このため、行政との協働はひとつの強みになっているともいえます。県や市はそれぞれの管轄内をコーディネートしています。私たち事業者はそのなかで、地域診断で得た結果も共有しながら、自分のもち味を活かせばどんな貢献ができるか情報提供していきます。「今この地域で必要とされているものでいうと、うちではこれが対応可能だが、その他は別の事業者さんで調整してください」といった具合です。このとき、客を奪い合うような競争ではなく、地域で互いが「協奏」するために自事務所の強みを洗い出し、得意分野をもち寄る形にしていくのが重要です。ともに

響き合いながら地域に貢献するのが、これからの地域における介護サービスの姿といえます。

例えば、行政が行う会議で、洲本市には24時間対応の事業所が少ないという話題になったことがありました。実際のところはどうなのだろうと確認したら、まとまったデータがまだ整理されていなかったのです。そこで、行政に対し、24時間対応の事務所マップをつくろうと提案しました。対応する施設を一覧表にしてサービスの特徴を整理し、地図に落としたら、ケアマネージャーが事業者を選択する際に助かるはずです。

このような提案を、行政が進めるコーディネートの会議で積極的に行っていきます。この積み重ねが、地域で共鳴し合う貢献となり、信頼へとつながっていくのです。

市場の動向と自社の強みを精査する

需要だけでなく供給側も業態別に市場調査する地域診断の手法は、一般のビジネスであれば当たり前の話ではあります。しかし、介護サービスの場合、そこまで考えて出店計画を立てているところは、中小規模の事業者ではなかなか少ないところです。

マーケティング調査は、本格的にやろうと思うとなにかと面倒なものでもあります。地域診断に自信がないなら、調査部分だけでもアウトソーシングをするという選択肢もあります。必ずしもすべてを自前で行う必要はないのです。手応えを感じたいからといって、今どき洗濯板で大量の洗濯物を一枚一枚手でこすり洗いする人はいないのと同じです。今のうちから上手に外部の知識やスキルを取り込むノウハウを蓄積しておく必要があります。

さらに突き詰めていえば、「商売」部分を極限まで減らしていきたい場合、理念が合致する事業所の傘下に入ってマーケティング要素とプロモーション（営業）要素を可能な限り親会社に委ねる方法もあります。「商売」部分は介護サービスを実践するためのマネジメント要素のみに集中できるようにすることも、選択肢の一つといえます。

このように市場調査（地域診断）を行う際には、むやみに地域の課題をニーズとしてとらえるのではなく、サービスを提供する自社の供給能力を客観的に分析して臨むことが重要といえます。少し乱暴ですが、地域ニーズに拠るのが「正義」、自社の供給能力に拠るのが商売部分だともいえます。これらはどちらか一方ではなく、どちらもバランス良く配慮しながら事業展開を考えていかなければなりません。

ところで、ここでは介護サービスを訪問看護に絞って話を進めていますが、事業所の強み次第で、ほかにもさまざまなサービスを提供することが可能です。

厚生労働省の「介護サービス情報公表システム」で扱われているサービスの名称を見ると、介護予防サービスを含め26種類54サービスが定義されています。それらのサービスのうち、どれが自分たちの能力を発揮する働き方に適している事業なのかという視点で、いま一度自分たちの強みを見直してみるとよいです。スタッフにどのような能力があり、どんな働き方を希望しているのか、さらに地域への事業展開にどのくらいの可能性があるのかといった需要と供給のバランスを見ながらの市場調査をするのです。

適切な地域診断を行えば、一見収益が見込めなさそうな田舎であっても事業拡大は可能です。例えば、私が訪問看護訪問ステーションを立ち上げた淡路島は明石海峡大橋で本州とつながっているとはいえ、まだまだ田舎です。街に人が溢れ、電車やバスも満員、学校も大型スーパーもあちこちにある、といった都会とは比べようもありません。ふつうはこんなところで、事業所を拡大するなど不可能だと考えがちです。

図表 13　介護保険で利用できるサービス

公表サービス	内容	予防	地域
介護の相談・ケアプラン作成	居宅介護支援		
自宅に訪問	訪問介護（ホームヘルプ）		
	訪問入浴	○	
	訪問看護	○	
	訪問リハビリ	○	
	夜間対応型訪問介護		○
	定期巡回・随時対応型訪問介護看護		○
施設に通う	通所介護（デイサービス）		
	通所リハビリ	○	
	地域密着型通所介護		○
	療養通所介護		○
	認知症対応型通所介護		○
訪問・通い・宿泊を組み合わせる	小規模多機能型居宅介護	○	
	看護小規模多機能型居宅介護（複合型サービス）		○
短期間の宿泊	短期入所生活介護（ショートステイ）	○	
	短期入所療養介護	○	
施設等で生活	介護老人福祉施設（特別養護老人ホーム）		
	介護老人保健施設（老健）		
	介護療養型医療施設		
	特定施設入居者生活介護（有料老人ホーム、軽費老人ホーム等）	○	
	介護医療院		
地域密着型サービス：地域に密着した小規模な施設等	認知症対応型共同生活介護（グループホーム）		○
	地域密着型介護老人福祉施設入所者生活介護		○
	地域密着型特定施設入居者生活介護		○
福祉用具を使う	福祉用具貸与	○	
	特定福祉用具販売	○	

出典：厚生労働省　介護事業所・生活関連情報検索「介護サービス情報公表システム」

しかし、しっかりと地域診断を行い、地域で人々は何に困っているのか、そこに暮らす人たちの声に耳を澄ませ、生活をよく観察すれば事業の種が見つかります。地域診断によって、淡路島では障がいのある子どもたちが放課後に通う場所が不足していることに気づきました。そして私は訪問看護の次に児童放課後等デイサービスを開所し、そこからデイサービスセンター、居宅介護支援事業所、通所介護、児童放課後デイサービス、派遣事業、開発事業と事業を拡大してきました。そして、いずれも売上を伸ばしています。

介護事業激戦時代が到来しても、経営者が的確な地域診断を行えば、事業の拡大は可能なのです。

専門性を届けるプロモーションでほかと差別化し集客につなげる

介護サービスは、介護保険制度のなかで定められた措置に対して介護報酬が支払われる仕組みです。このため、措置内容に違いが出せず事業者ごとの差別化をサービス内容で工夫できないという特徴があります。

さらには、事業所の出店にもルールがあります。介護保険サービスごとに人員基準、設備基準、運営基準があり、それらの基準をすべて満たしたうえで、原則として都道府県（場合により市町村へ委託）へ申請し、審査を経て指定・許可を得るという手続きが必要です。

これらの制約から見えてくるのは、介護サービスの公共性と地域性です。介護サービスは、国の制度や都道府県などの行政サービスの環の中にあり、地域に密着した公的事業の一端を担う形での連携が求められています。公共性が高いため、ビジネスが完全に消えることはありませんが、地域のニーズにもリソースにも上限があるため、一人勝ちするような単独行動は慎み、地域でパイを分け合って生き残る必要があるのです。こうした事情を抱えての営業――一般のビジネスでいうプロモーションは、どのようにしていけばよいのかというと、ヒントは、地域が名指しで依頼してくるようになる信頼の獲得であり、そのコツは、専門性の提供です。

介護は、身の回りの支援で、誰にでもできるものです。基本的に、家庭内にあった生活上のプラスアルファの行動で実行可能なものであり、それが時代の変遷により対象者数があまりも多くなったことと、寿命が延びたことから難易度も上がったのです。さらに時間と手間を中心的に提供していた女性のおかれる状況が変わったことも単なる生活の延長上で済まなくなってしまったといえます。そこで公的支援サービスとして集約することとし、保険制度をつくってアウトソーシング化したわけです。介護保険制度がスタートしたのは２０００年、それまでは「措置制度」と呼ばれる行政サービスに組み込まれていました。

しかし、もともと生活の一部として家庭内にあったものが切り出されて事業になったものは介護に限りません。出産や保育、看取り、食事、掃除も同様です。現代は分業化が進み、流通貨幣を媒介に、衣食住あらゆるものが外在化し、交換されながら回っていく経済社会です。誰もが誰かから何かを受け取り、影響し合いながら暮らしています。

そして家庭内で対応しきれず外在化した介護サービスが、さらなる対象者の増大と担い手の喪失という事態でサービスを維持できなくなりそうになっています。再び家庭に戻そうにも受け止める力はありません。そのため、とりあえず在宅という形にはするものの、介護や看取りについては地域内の医療・福祉系の関係機関が少しずつ分担し合って支えることにしよう、地域内での連携だから関係機関をつなぐコーディネーター役は自治体がいいだろう――このようにして、超々高齢・多死・縮小社会となる２０４０年に向けた介護サービスは、「病院から地域（内の居宅）へ」の流れが強化されていくと考えられます。

介護サービスが病院から地域へと変容することにより、これまで医療・福祉施設のなかで完結し可視化されなかった物事が、誰の目にも触れるものへと変容します。間近に見るものは自分ごとになりやすく、終末の介護や看取りが今よりもずっと身近なものに感じられるようになっていることも考えられます。地域での分担や助け合いが進むことにより、皆誰かの影響を受け合っているものだという感覚も、今よりずっと実感が湧くものになっている可能性もあります。

消費者と生産者、利用者と提供者という対立の構図ではなく、互いに影響し合う関係性に変わっていきます。２０４０年頃の介護は、そのような「響き合う社会」で展開してほしいと願います。「共生」という言葉だと、ともにいるだけで物足りない気がするため、できるなら「響生」の社会で響き合ってほしいと思っています。和音で美しいハーモニーになることもあるし、ユニゾンで共振するほどの力強さが出ることも期待できます。ちょっと不協和音になったときでも、互いに互いを大切にしながら調整していくことのできる社会で響生する地域の介護は、それぞれが自分の得意とする響きを持ち寄る形で、事務所ごとに「うちは○○が得意です」「○○を専門としています」という声を掛け合って地域内の各ケースに応えていく形になると思います。介護ビジネスとしてしっかりと生き残るには、看護（医療連携）のように明確な専門性をもって地域へ貢献する存在であることを、自治体のケア会議などへ積極的に参加してプロモーションしていく必要があります。

信頼を勝ち得て生き残る

これから長寿命化し後期高齢者が爆発的に増えて、年間の死亡者数が168万人のピークを迎える2040年頃は、終末医療すら追いつかない看取り難民の時代になっていることが考えられます。看取りの終末期は、介護から医療保険に切り替わります。医療と福祉の境界はますますあいまいになり、介護は限りなく医療に近づきます。

地域と「響生」する事業者としての貢献は、よりいっそう医療の専門性が重要視されるようになっていくはずです。あわせて、行政に対して出し惜しみのない的確な助言を行い、信頼の関係性を構築していくことが望まれます。

このようにいうと、「島田さんはコメディカル出身だから、医療寄りなんだ」と思う人がいるかもしれませんが、確かに私は理学療法士出身で、医療従事者です。でも、有利なことばかりではありません。営業時には医療従事者だったために失敗も経験してきました。開業当初、得意を活かそうと医療部分をアピールし続けていたのですが、そればかりだと今度は介護での集客ができないのです。ところが当時の私は、介護の知識がないのにプライドが邪魔をして、介護は医療がすべてカバーできるとばかりに「介護もいずれ医療になりますから」と営業して回っていたのです。すると医療依存度の高い人ばかり集まって介護サービスに偏りができてしまいました。

地域内の関係者がさまざまな得意をもち寄り、サービスを必要とする人たちを支え合うのが「響生」です。医療と介護の間に貴賤《きせん》はありません。ともに地域を支える者同士、リスペクトし合う気持ちが必要だったと反省です。

医療出身の者は医療、介護出身の者は介護と、それぞれの得意な分野を示して行政が行うコーディネートに共鳴し、分担しながらサービスを提供するとともに、情報共有と交流を兼ねた地域内の勉強会などを開き知識のノウハウをもち寄るといったシステムを構築することで、関係機関同士、顔の見える関係性ができていくのです。

透明性を確保し、経営感覚を養う

「響生」の介護ビジネスに最も重要なのは自己開示、自事務所の透明性です。私の会社を例に取ると、組織図には人事部門がありません。総務部門はありますが、あくまで事務作業のみのバックオフィスです。厳密にいうと、人事の権限をもつ従業員がいないのです。経営トップの私と№2とで全権限と責任を負っています。といっても、ワンマン経営にしたいからではありません。管理職の人たちを、人事のことで煩わせて現場の業務管理に支障が出ないようにと考えました。ずっと大きな組織になれば完全に独立した人事部門を設置することもできるかもしれません。現在の規模だと、現場の管理者に人事の決定権をもたせるのは負担が多過ぎます。業務を推進するなかで人事評価を意識した関係性が生じ、純粋に業務に向き合うことができなくなるのではないかと考えたのです。

私の事業所では、組織改善の一環で、管理職が集まる幹部会議で全従業員の給料を公開しました。このとき会議室内に小さなどよめきが起こり、これまで人事に携わる者がいなかったため、幹部全員が初めて、給料という形で人事評価を目にしたことになりました。

今までブラックボックスだった部分を、あえて日の下に晒し、透明化を図ったわけです。年功序列の給与体系ではなく、能力や技術によって決まるものですから、昔からいる従業員より最近入った者のほうが高い場合もありますし、幹部より高給取りの一般職員もいます。人事権をもつ私たちからすれば、給与体系にのっとった正当な評価の結果ですが、幹部にしてみると驚きの評価だったかもしれないと思います。

幹部に全従業員の給与を公開したのは、一人ひとりの働きがどう評価されているのかを知っておくべきだと考えたからでした。管理職員が業務推進のために従業員を取り回すとき、事業所がその業務成果に対していくらの対価を払っているのかを分かっていてほしかったのです。『論語と算盤』のスタッフマネジメント版といったところです。

訪問看護は人そのものが商品となっている商売です。スタッフたちをいくらのコストで雇用しているのか、人事権のない幹部だからこそ、判断・解釈をせず部下の給与をまっすぐ受け止めることができます。経営者が従業員のパフォーマンスをいくらの価値と判断したのか、成果のアウトプットとして、どの程度を期待しているのか、そういった内容も給与を見ればその度合いが分かります。

一般に正規職員の場合、企業側が社会保障や福利厚生、固定費などの間接経費をもっているため、ざっくりした目安として給与と同額程度のコストをプラスしてかけているといわれています。年間４００万円の給与の職員であれば、企業の人的コストは８００万円です。ということは、４００万円の職員が年間で８００万円を稼いだのでは利益が出ず、事業が継続できないわけです。管理職は、こうした「算盤」部分を意識して部下のパフォーマンスを上げていかなければなりません。

幹部に対する全職員の給与公開は、職員を晒し者にしたわけではなく、幹部にこうした運営の感覚を身につけてもらうための荒療治だったのです。幹部に対する教育としては、売上への意識づけが重要です。まずはどれくらいの労働力（人員や時間）をかければ売上目標を達成できるかという生産性を、続いて事業にかかるコストや利益率（効率性）を意識させます。

選ばれる介護ビジネスのカギは採用にあり――30代までの採用でフレキシブルに

では、どのような人を従業員として迎えていけばよいか採用と人材マネジメントについて見ていく必要があります。

令和3年度介護労働実態調査によると、無期雇用職員の採用で利用した手段としては、ハローワークが最も多く（55・2％）、次いで知人等からの紹介（45・2％）、民間の職業紹介（26・3％）と続きます。また、職員の採用における工夫としては、どのサービス形態でも「職員や知人からの情報提供」と「求人条件の工夫」を挙げているところが多くなっています。訪問系の特徴としては、施設系・居住系に比べ、「介護資格や介護経験の有無にこだわらない」と「新規学卒者や若手にこだわらない」の2項目が際立って低く、採用時の条件として重視している様子がうかがえます。

訪問系サービスは一人で現場対応をしなければならないことも多く、戦力になるまでに一定水準の知識と経験が必要です。このため、即戦力であれば資格やキャリアが求められ、育てるなら若い世代の人材を必要とするのです。

私たちの事業所へ面接に来る世代の多くは20～30代です。応募してくる人たちの事情はいろいろですが、学校を出てしばらく病院などに勤めたのち、今度は在宅で働いてみたいと訪ねて来る人もいます。

介護サービスの担い手は女性の比率が高くなっています。特に若い世代は、結婚や出産といったライフステージの変化が大きく、そのタイミングでいったん離職する人が多くなるからです。

事業所としても、「算盤」の側面からいえば、途中離職があるとその時点で昇給が不要となるためコストマネジメントが楽になります。人員配置の面でも、結婚や出産による離職の場合は、突発的な病気などと違って休みに入るタイミングが明確なため事前に交代要員などの手配もしやすく、離職理由も事業所としての評価に影響しないことから人材確保が計画的に進みやすいのもポイントです。

40代を超えてくると途中離職の可能性が少なくなり、年々昇給していきます。ベテランの人はノウハウも多く仕事の取り回しとしては安心できていいのですが、キャリアが長い

図表14　無期雇用職員の採用において利用した手段・媒体（複数回答）

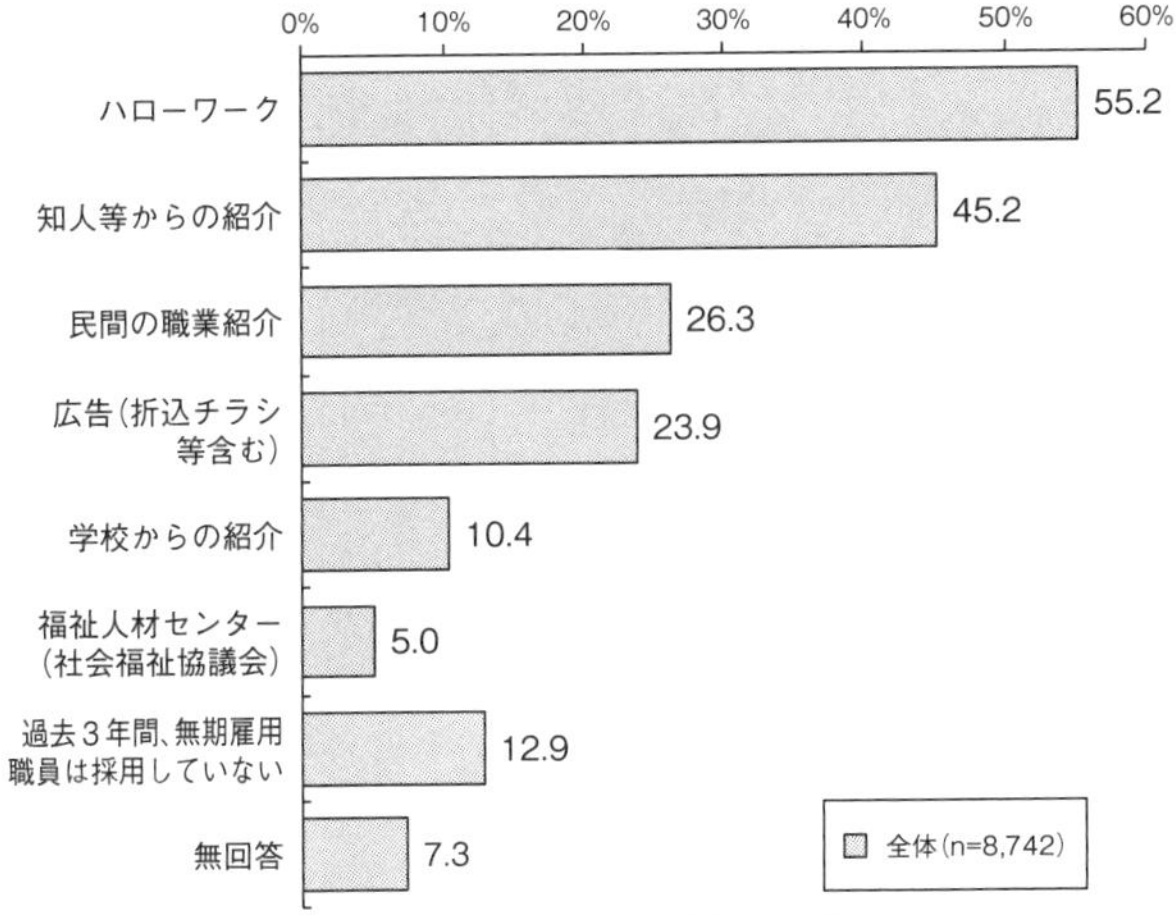

出典：介護労働安定センター「令和3年度介護労働実態調査」

分人件費が高くなって、体力のない事業所だと維持が難しくなる可能性もあります。

令和3年度介護労働実態調査によると、介護労働者の平均年齢は50・0歳、訪問型に限ると54・4歳ですから、多くの事業所は早急にこうした人件費の問題に取り組むべき状況だと考えられます。

こういうと、なんて冷たいのだと怒りを買いそうですが、ビジネスとして運営している以上、自分たちのもっているリソース——ヒト、モノ、カネ、情報——はシビアに把握しておかなければなりません。人助けのために雇っているわけで

図表 15　職員の採用における工夫（複数回答）（介護保険サービス系型別）

(%)

	回答事業所数	介護資格や介護経験の有無にこだわらないようにしている	職員や知人と連絡を密に取り、人材についての情報の提供を受けている	新規学卒者や若手にこだわらないようにしている	求人に際し、仕事そのものの魅力や労働条件を掲載する等求人内容を工夫している	福祉系の教育機関出身者にこだわらないようにしている	ハローワークや福祉人材センターを頻繁に訪れている	自事業所の理念やアピールポイントをHP等を介して対外的に発信している	内定後のフォローをしっかり行っている	採用について、従来より多くコストをかけている	採用説明会や職場体験を実施している	近隣の事業所と連携し、採用に関し情報交換をしている	新規学卒者を定期的に採用している	福祉系教育機関への働きかけを積極的に行っている	子育て支援を行っている（子ども預かり所を設ける、保育費用支援等）	くるみん認定（※）、その他国や地方自治体の認定等を取得している	その他	特に行っていない	無回答
全　体	8,742	42.2	41.4	36.9	35.7	33.6	28.1	27.6	21.2	17.4	15.3	8.9	8.6	8.3	7.7	2.2	2.3	9.6	5.1
訪問系	2,841	26.6	44.9	28.4	36.0	23.3	26.9	27.2	21.0	17.4	10.3	10.7	4.2	4.8	6.6	1.5	2.4	10.0	4.2
施設系（入所型）	1,190	60.7	42.9	58.9	44.8	55.4	36.1	43.5	29.6	26.5	37.6	9.3	26.0	24.2	15.9	5.0	2.9	1.9	1.3
施設系（通所型）	2,733	54.0	42.0	40.1	37.2	38.8	29.9	25.7	20.5	15.7	13.7	6.7	6.4	7.4	7.0	2.2	1.5	7.2	3.3
居住系	886	65.1	45.5	52.7	39.4	48.0	31.3	32.6	28.0	22.9	19.6	11.6	13.5	8.7	8.5	2.5	3.0	1.8	3.5
居宅介護支援	768	7.9	21.7	9.6	13.5	6.8	10.9	6.5	6.0	4.4	2.3	6.0	1.4	1.3	2.1	0.4	3.0	38.4	18.0

出典：介護労働安定センター「令和３年度介護労働実態調査」

はないのです。

その代わりといってはなんですが、20～30代の人たちに魅力的な福利厚生や働き方の選択ができるように工夫し、とにかくたくさんの人を集める努力をしています。

地域で通用する多様なスタッフの働き方を支援する

地域診断を基に、マーケティングでバランスを見ながら事業展開するわけですから、人材確保も計画のうちです。必要なスタッフをその地域のなかで必要数集めて開業するようにしています。走り出してからなんとかしよう、あとからでも人は来ると思っていると大きく躓いてしまう危険性があります。採用する地域の実情に合わせて働きやすい条件をつくり、それぞれの得意を活かした働き方になるよう、副業など自由度を高めています。

前述の実態調査によると、早期離職防止や定着促進に効果があった方策は、労働条件の改善が1位2位を占め、3位のコミュニケーションの円滑化を大きく引き離しています。

私の会社では、労働条件に加えスキルを上げたい、別の介護事業と何かをつなげるよう

図表16　早期離職防止や定着促進に最も効果のあった方策（複数回答）（就業形態別）

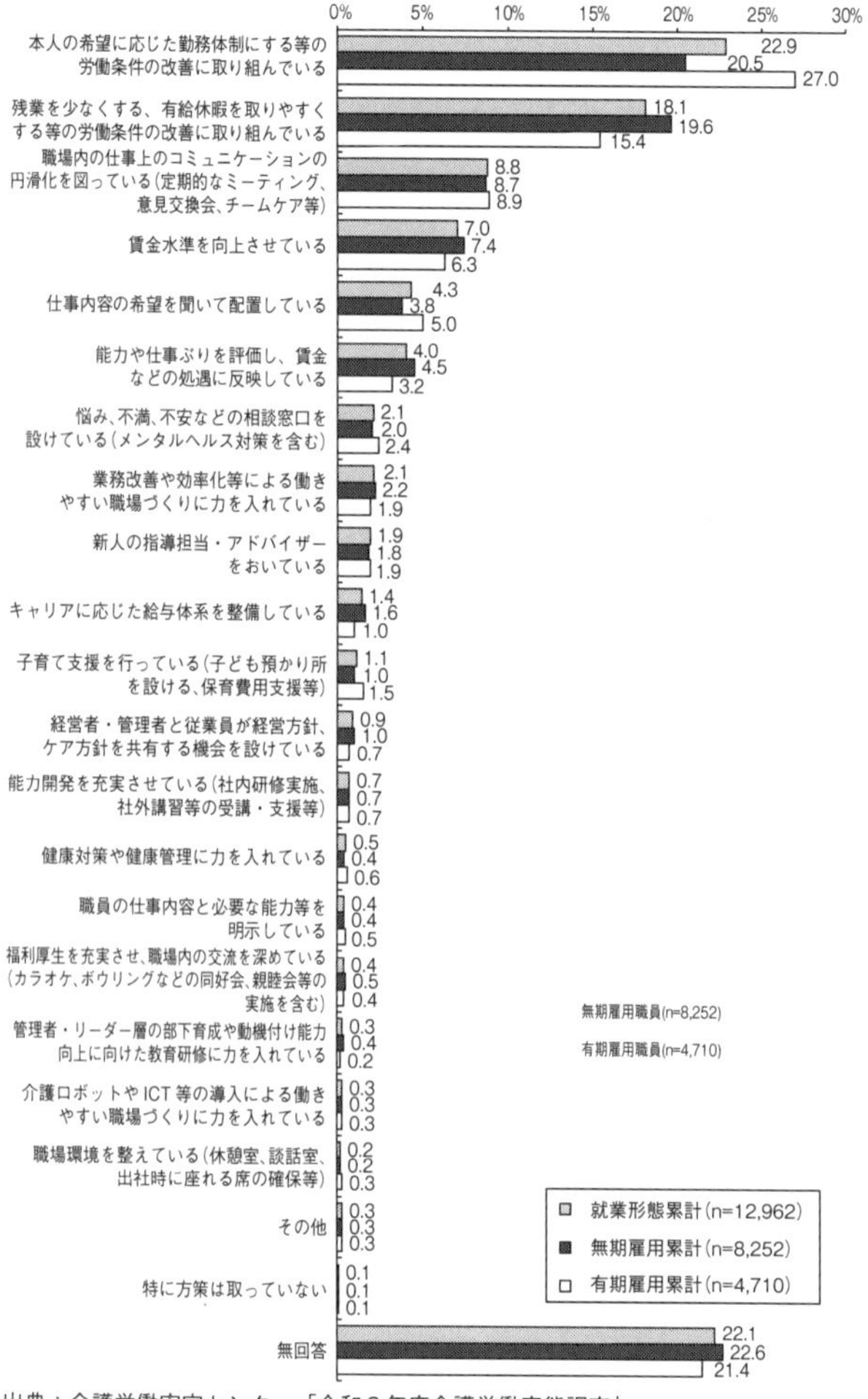
0%
5%
10%
15%
20%
25%
30%
本人の希望に応じた勤務体制にする等の労働条件の改善に取り組んでいる
22.9
20.5
27.0
残業を少なくする、有給休暇を取りやすくする等の労働条件の改善に取り組んでいる
18.1
19.6
15.4
職場内の仕事上のコミュニケーションの円滑化を図っている（定期的なミーティング、意見交換会、チームケア等）
8.8
8.7
8.9
賃金水準を向上させている
7.0
7.4
6.3
仕事内容の希望を聞いて配置している
4.3
3.8
5.0
能力や仕事ぶりを評価し、賃金などの処遇に反映している
4.0
4.5
3.2
悩み、不満、不安などの相談窓口を設けている（メンタルヘルス対策を含む）
2.1
2.0
2.4
業務改善や効率化等による働きやすい職場づくりに力を入れている
2.1
2.2
1.9
新人の指導担当・アドバイザーをおいている
1.9
1.8
1.9
キャリアに応じた給与体系を整備している
1.4
1.6
1.0
子育て支援を行っている（子ども預かり所を設ける、保育費用支援等）
1.1
1.0
1.5
経営者・管理者と従業員が経営方針、ケア方針を共有する機会を設けている
0.9
1.0
0.7
能力開発を充実させている（社内研修実施、社外講習等の受講・支援等）
0.7
0.7
0.7
健康対策や健康管理に力を入れている
0.5
0.4
0.6
職員の仕事内容と必要な能力等を明示している
0.4
0.4
0.5
福利厚生を充実させ、職場内の交流を深めている（カラオケ、ボウリングなどの同好会、親睦会等の実施を含む）
0.4
0.5
0.4
管理者・リーダー層の部下育成や動機付け能力向上に向けた教育研修に力を入れている
0.3
0.4
0.2
介護ロボットやICT等の導入による働きやすい職場づくりに力を入れている
0.3
0.3
0.3
職場環境を整えている（休憩室、談話室、出社時に座れる席の確保等）
0.2
0.2
0.3
その他
0.3
0.3
0.3
特に方策は取っていない
0.1
0.1
0.1
無回答
22.1
22.6
21.4
無期雇用職員(n=8,252)
有期雇用職員(n=4,710)
就業形態累計（n=12,962）
無期雇用累計（n=8,252）
有期雇用累計（n=4,710）

出典：介護労働安定センター「令和３年度介護労働実態調査」

な仕事をしてみたいというスタッフが名乗りを上げたら、積極的に応援して事業拡大を行うようにしています。スキルアップについても、リーダー業など、医療や介護のスキルというより、社会人として人間味を厚くする学びを推奨しています。自分の24時間を自分なりに充実させていくなかに、介護に携わる時間もある、まずはそのような形からスタートしてもいいのです。介護サービスは最終的には現場で利用者とスタッフが一対一で向き合い、人間としての関係性を構築していくものです。余裕のある働き方や学びなどにより、訪問先での会話も態度も経験が豊かになっていくと考えています。

フレックスタイムはもともといる人に向けたものではない

フレックスタイム制度も採用しています。一日のなかで全員がそろうコアタイムがあり、始業と終業の時間を従業員の実情に合わせて選択できる制度です。さらに私の会社では、月間の働き方についても、法定休日として必要な週1日の休みだけ決めたうえで自由にしてもらっています。神戸の事務所は全員がフレックスです。子どもの行事予定に合わせて柔軟に調整できると好評です。フレックスタイム制度はほとんどのところで採用しています。週4日制で週32時間でも正規職員という枠を設けたりもしています。地方では特に、家業をもった兼業の人がいます。私はこうした兼業を「ながら産業」と呼んでいるのですが、家業を続けていきながら介護も頑張りたい人を応援する体制を取り続けたいと考えています。

フレックスタイム制度を導入する場合、気をつけておきたいのは、フレックスがもともと勤めている従業員にとってはメリットを感じられる制度ではない点です。すでに現行の勤務体系で働けているわけですから、わざわざ始業時間と終業時間を登録したり、休みの日を設定したりする手間が増えるだけですし、休みが増えると給与が減るのではないかと心配する人もいます。小さな子どものいる世代は助かるかもしれませんが、子どもが独立した世代には働きやすくなったと説明を受けてもピンとこないと思います。

では、フレックスタイム制度はなんのために導入するかというと、それは採用のためです。働く時間の間口を広げることで「これなら私でも働けるかも」と思わせることが大事なのです。採用したいターゲットの理想は30代までで しかも量を確保したい、晩婚化が進みこれから結婚・出産を考えている人も多い昨今、フレックスタイム制度なら子どもをもつことができるのではないかと応募のハードルを下げているというわけです。

経営トップや運営トップがあれこれ従業員のためを思って導入する制度は、どんなに画期的なものであったとしても、喜ぶ人とそうでない人が一定の割合でいます。パレートの法則にならえば、2割がありがたく思い、2割が苦々しく思い、6割が無関心、といったところです。どんな制度を導入するにせよ、導入したあとの従業員の喜ぶ顔など期待してはいけません。社内の運用制度は基本的に算盤側のものです。組織の運営で本当に必要かを精査し、必要なものだけを導入していくべきです。

働く環境の整備では介護業界は、地域の地場産業になっていく必要があると考えています。これは利用者にとってだけでなく、スタッフにとっても、その地域で働く場所があるというメリットになるわけです。

教育と育成は違う　自分で特性に気づき、活かす多様な働き方を応援する

スタッフの成長に必要なのは、教育より育成ではないかと考えています。もちろん、専

図表17　人材育成の取り組みのための方策（複数回答）（介護保険サービス区分別）

（%）

	回答事業所数	教育・研修計画を立てている	採用時の教育・研修を充実させている	職員に後輩の育成経験をもたせている	教育・研修の責任者（兼任を含む）もしくは担当部署を決めている	能力の向上が認められた者は、配置や処遇に反映している	自治体や、業界団体が主催する教育・研修には積極的に参加させている	法人全体（関係会社を含む）で連携して育成に取り組んでいる	地域の同業他社と協力、ノウハウを共有して育成に取り組んでいる	その他	いずれも行っていない	無回答
全　体	8,742	56.3	35.1	34.1	31.5	30.9	26.3	26.1	5.9	1.0	6.0	5.7
訪問系	2,841	59.5	33.3	32.3	34.4	30.4	25.1	21.5	6.3	1.0	5.1	4.5
施設系（入所型）	1,190	68.8	43.6	53.9	43.9	38.2	33.6	42.4	5.5	0.8	2.1	2.4
施設系（通所型）	2,733	52.0	37.7	31.6	27.4	32.6	26.7	22.9	4.5	0.9	6.5	4.0
居住系	886	61.5	43.2	40.1	38.5	36.8	31.2	27.9	4.7	1.0	3.0	4.0
居宅介護支援	768	37.9	11.2	15.4	11.7	10.5	13.9	31.9	11.3	2.1	17.1	17.7

出典：介護労働安定センター「令和３年度介護労働実態調査」

門職としての知識を深め経験を積んでいくという教育要素も重要です。しかし、いったん社会に出たのですからそこから先は社会人としてのふるまいが求められます。

実態調査によると育成のための取り組みについては、先輩職員に後輩の育成経験をもたせたり、能力の向上が認められた者に配置や処遇を反映したりといったものがみられますが、全体として教育・研修への参加促進が中心である様子がうかがえます。人間性を養う育成は、カリキュラムにはなりづらく、日々の業務のなかで実践的に学び取るものであるといえます。このため、折に触れて「自分ならどうするか、なぜそう考えたか」を言語化する機会を増やしていくことが重要です。

例えば従業員から「小さくていいので家を建てたいと思うのですが、タイミングっていつにすればいいものなのか」と相談を受けることがよくあります。そこで私は、本人と一緒に、現在の給料と貯蓄を棚卸しして、今建てたらどんな状況になるかを考えてみるわけです。社会事情をよく見渡し、それらが収入や貯蓄に影響するかといったことを考えます。そういった一見関係のなさそうなものでも社会的につながっているのだと、さまざまな分野を取り上げて自分の今後の行動と紐づけて考えてみる、これが社会人としての学び、育成の一つの形です。

これは、専門職として「まず自分を大事にしよう」という流れにもつながります。自分の状態をよく知り、目標を立ててそこに向かって必要なものは何かを見極める。客観的にその差を埋める。それを繰り返すことで、職員としてどうふるまうべきかを現場で判断し、能力を発揮できる素地《そじ》ができてきます。自分の役割と能力を冷静に把握し、客観的に評価する。そのうえで、必要とされる能力を開花させ、果たすべき役割を要求どおりに行う。これがしっかりとサービスを提供するということにつながり、地域から信頼されるサービスになっていくのです。

人間性を大切にした育成が成功すると、この地域にはこの人がいるという評価になっていきます。ケアマネージャーや行政の地域支援の人はよく見ていますから、名指しで声が掛かってくるようになります。専門職として自分を地域に売り出せるわけです。自分をマーケティングし、ブランディングして自分の力で育つというのが育成の姿です。

さらに同じように仕事をしているようでもその人なりのやり方があります。正解が決まっているものではないのだから、みんなで応援し合おう、支え合おうという雰囲気になる土壌づくりが欠かせません。

その一つとして、私はスタッフに対し、その人「らしさ」を理解し合おうという話をしています。例えば、「あの人って途中までは頑張るんだけど70点まで取ったらすぐに力を抜いちゃうんだよ」と指摘する人がいます。でも、力を抜いたところではなく、70点に行くまでの頑張っていた部分を見てあげてほしいのです。周囲にはそう伝え、当人には70点まで取れたのだから、あとの30点は周囲に「手伝ってください」と声掛けする能力を見つけて、100になるまでやってみようと、フォローしたりしています。

頑張れた部分も頑張れなかった部分も、その人らしさと考えて、プラスに働かせていくために、従業員をよく観察するのが育成の第一歩です。

［第5章］

2040年以降も生き残るために未来を見据えた経営で介護事業を盤石にする

2040年以降、医療・介護の技術の進展は加速する

ここまで、2040年問題をフックとして、これから日本に訪れる「超々高齢化・多死・縮小社会」のなかで介護事業者が生き残るヒントを見てきました。病院から地域への傾向はそのまま続くのだから、在宅での介護（訪問看護）の強化がいっそう進むのではないかと思われます。

さらには科学技術の進展で、遠隔操作やロボット化、アプリ、DXなども想像がつかないほどの展開になっているはずです。今でもすでに、電子カルテやルーティングの最適化ソフト、画像診断、保険情報の統合システム、アプリ、総合情報処理システム、ドローンや自動運転など、日進月歩で技術が進んでいます。

例えば、すでに巡回ロボットや送迎支援システム、移乗介助、入浴支援ロボットといったロボット介護をはじめとして、睡眠時の呼吸や心拍を計測、トイレの排泄センサーで着座時間、排便量、便の形状を自動記録するといったAI介護などが実際に実用化されてい

ます。

令和3年度介護労働実態調査によると、ICT機器の利活用については、ケアプランや介護記録などをデータ共有している事業者は半数を超え（52・8％）、記録から介護保険請求システムまで一括している事業者も4割を超えました（42・8％）。まったく何も行っていない事業者は2割（22・0％）と、たいていの事業者がなんらかの形でデジタル化を始めている様子がうかがえます。

最先端技術は介護業界だけでなく、社会のあらゆる場面に影響を与えています。科学技術の進展により、地域・コミュニティの概念すら変わっていることも考えられます。「病院から地域へ」のキャッチコピーはそのままでも、広がる先の「地域」の姿が、現在のそれとはまったく異なるものになっている可能性もあります。

例えば、介護事業と自治体のマッチングアプリはすでに開発が進んでいます。介護は保険制度で成り立っているため、自治体の施策が似通ってくると保険情報の構成も似てくる

図表 18　ICT 機器の活用状況（複数回答）（介護保険サービス区分別）

（%）

	回答事業所数	パソコンで利用者情報（ケアプラン、介護記録等）を共有している	記録から介護保険請求システムまで一括している	タブレット端末等で利用者情報（ケアプラン、介護記録等）を共有している	グループウェア等のシステムで事業所内の報告・連絡・相談を行っている	給与計算、シフト管理、勤怠管理を一元化したシステムを利用している	情報共有システムを用いて他事業者と連携している	他の事業所とデータ連携によりケアプランやサービス提供票等をやりとりするためのシステム	その他	いずれも行っていない	無回答
全　体	8,742	52.8	42.8	28.6	19.8	18.4	13.8	10.4	0.7	22.0	8.4
訪問系	2,841	50.4	41.9	30.0	24.1	21.2	18.5	11.9	0.8	21.8	8.6
施設系（入所型）	1,190	71.1	55.7	35.0	25.1	22.0	13.4	6.1	0.5	11.9	6.6
施設系（通所型）	2,733	48.4	39.3	25.1	16.2	14.5	10.4	10.5	0.7	25.8	8.1
居住系	886	45.9	26.1	26.0	17.4	17.8	8.7	4.6	0.9	29.0	10.3
居宅介護支援	768	59.2	61.2	30.7	12.9	16.7	16.3	18.4	0.7	15.2	7.3

出典：介護労働安定センター「令和３年度介護労働実態調査」

のです。今までは人口規模や属性の構成といった簡単な形状から類似していそうな自治体を類推し、見当をつけてから調査していました。でもこれからはデジタルデータの統合が進み、自治体情報はオープンデータ化して、簡単なアプリ操作で検索できるようになってゆくことも考えられます。洲本市と沖縄市の類似度80％、などと結果が出て、行政サービスや介護サービスなどが一覧で確認でき、その場でどちらの住民になるかを選ぶ、といったワンストップのデジタル行政に切り替わっていても不思議ではありません。現実社会に実際に住んでいる住民と、仮想空間でアバターが暮らす「住民」が両立する時代になっているかもしれないのです。これは極端な例ですが、2022年に公開されたchatGPTを筆頭に、今後もAIを駆使してビッグデータを活用する機運が高まれば、いつかケアマネージャーが不要となる時代が訪れるとも考えられます。

仮想空間も含めて地域の概念が再編され、住民の定義が変わり、高齢者の定義も変わり社会保障が変わる。そのとき、地域と「響生」する介護のあり方がどのようにとらえられているのか。高齢者、障がい者、児童と福祉の形はいろいろです。地域の概念が一つに収まらないのであれば、地域のなかで暮らす人々が元気で幸せになる方法も当然一つではなく、今以上に福祉に対する発想の転換が求められる社会になっていることも考えられます。

経営トップは常にこうした遠い先の未来像も頭の片隅に入れ、情報のアンテナを張って、「不易流行」の経営を目指してほしいと考えます。デジタル時代の子どもたちが高齢者になる頃には、老化という概念が変わってしまっている可能性すらありますが、それでも人は必ず死を迎えますし、臨終には人と人が接してケアするという介護・看護の基本は変わることがありません。「正義」と「商売」のバランスを崩さず、片目で最先端の変貌をとらえ、片目で普遍的な人としてのあり方をとらえて、介護サービスの本質を見失わず進みたいところです。

自分たち視点でチャンネルを広げる

2040年より先、介護保険が再び医療保険に吸収される可能性はゼロではないかもしれませんが、介護事業そのものが公的な社会保険制度のなかで回っていくことは前提条件としておいてよいと思います。問題なのは全体の財源です。生産年齢人口は右肩下がりのままで、社会保険料の料率を上げるのにも限界がありますから、当然ながら保険の財源は縮小する一方です。そうなるとおそらく初期コストもメンテナンスも莫大になる箱物関係はなかなか許可が下りないか、別の財源の豊かな省庁の管轄で類似の施策が進んでしまうなど、縦割り行政のポケットに落ちてしまうこともあり得ます。

市場規模が大幅に縮小するなか、倒産や吸収合併など、体力のない事業者や先端技術についていけない事業者はあっという間に淘汰されていくに違いありません。そして、2040年を乗り越えたあとも、人口減少は続きます。

しかし、私たちがすることに大きな違いはありません。正義と商売のバランスを取り、経営トップと運営トップの役割を明確に分けて進むのです。今まで以上に真摯に、地域のなかで響生しつつ、私たちのもつ専門職としての知見を惜しみなく提供して、地域全体で乗り切る方法を模索してゆく必要があります。

経営トップは、事業全体を俯瞰し高い視座から判断や決断を行うことが必要ですが、大切にしてほしいことがもう一つあります。広がりです。特に長期的展望に思考を巡らすとき、不確かな要素が多く、未来の着地点が定まりません。

できるだけ遠くまでボールを届かせようとするとき、放物線が最も長く描ける45度に勢いをつけて投げます。でも、方向を定めることができなかったらどうかというと受け止める人が一人しかいない場合は、よほど運が良くない限り取りこぼしてしまうはずです。どこにボールが流されても受け止められるようにするには、放物線の軌道を監視しながら、多くの人が声を掛け合って受け止めるための連係プレーが欠かせません。誰か一人がしっかりキャッチしたら、そのボールをみんなでパスしていけばいいのです。不確実な未来が広がるほど、ネットワークが力を発揮します。

情報系統はピラミッド、現場チームはネットワーク

私の会社の組織体制は、鳥瞰《ちょうかん》するとピラミッド型のように見えます。階層があり、最も現場に近い一般スタッフを事業所リーダーがマネジメントし、各事業所リーダーを事業別の課長がマネジメントし、各課を部長がマネジメントし、部長を№2がマネジメントし、原則として階層を飛び越えての報告や相談はしないルールで、すべての情報が№2に集約

されるようになっています。これは情報伝達・指揮命令系統として最も効果的な流れで、情報が混乱せず伝達事項もぶれることなく進みます。

一方で、この組織図を現場にいる一人ひとりの視点で見上げてみると、少し景色が変わります。事業所ごとに数人から十数人のメンバーがいつも連絡を取り合い、いざというときにいつでも助け合えるように控えています。事業所リーダーは現場スタッフ一人ひとりとつながり、活動の様子に気を配り、何かあったら相談に乗れるようにしています。事業別課長も、部長も、№2も、組織内のさまざまな部署やグループに目を配り、折に触れて任意の人と情報共有を行い、いざというときに素早く連携できるよう、定期的に情報交換し、ミーティングを実施しています。これはネットワーク型のつながりです。

不確実な未来に向かって進むとき、「あれか・これか」で進もうとすると失敗します。ピラミッド型にはピラミッド型の、ネットワーク型にはネットワーク型の良さがあります。どちらの良さも取り込みながら、組織の固まりごとに情報のアンテナを広げ、広がりやつながりを育てていきたいところです。

そのときの自分たちにふさわしい事業を、楽しみながら

一方で、事業の足元は着実なところから進めるのはどの時代においても同じです。介護の未来像を大きくとらえるのは正義の領域であり、経営トップの仕事です。バランスを取るため、足元での展開は商売の領域で行い、浮ついたあるべき論に流されてはいけません。こちらは運営トップである№2の仕事です。

展望は数十年先の未来を見据えていたとしても、毎日の判断は目の前の状況から行います。今の人的・物的リソースで自分たちにできる介護・看護の形を常に棚卸しし、地に足をつけた経営を心掛ける必要があります。例えば「子育て世代が多く働くうちの体制では、スポット24時間やオンコール対応は無理がかかり過ぎるし施設も確保できない」と判断したら、どんなに悔しくても手を出さないという決断が、経営トップには必要です。

これは、将来どんな画期的な介護サービスが展開しようと同じです。今のリソースで困難なものには手を出さず、機能が充実してから現実化を考えるべきです。

どんなに社会が変化したとしても、その時々で現れる正義と商売は、なんらかの形でバ

ランスを取っていく必要があるのです。

職員が働きやすい環境をつくる

介護業界は、介護保険制度によって報酬などが細かく定められているため、制度の改正という外的要因によって待遇が変わる場合もあります。

2019年に行われた処遇改善（特定処遇改善加算）を例に見ていきます。これは、一言でいうと勤務期間の長い介護福祉士の処遇改善を図り、職場の定着を促すために設けられたもので、他の産業と遜色のない年収となるように加算しようというわけです。

確かに介護職員は、医療職の職員に比べて給与が低く抑えられています。なんとか引き上げをと考えるものの、介護報酬にしてしまうと経営者の収入になってしまい、職員まで回らないので、介護の国家資格である介護福祉士を保有し経験年数が10年以上と長い職員の給料を大幅アップする加算が行われたのです。しかし、これにも抜け道があります。

例えば年収300万円、賞与100万円で合計400万円の給与の職員がいて、今回の処遇改善で100万円の加算ができることになったとします。年収が500万円になったと喜びたいところですが、実際は、諸事情で賞与の100万円が出せなくなったことにし、処遇改善加算の100万円を加えて差し引きが変わらない400万円にしてしまえるのです。このように、抜け道はいくらでもあり、条件や措置内容の複雑さから、本来の目的である介護職員の処遇改善にはちっとも結びつかない状態が続くのです。

こんな小賢しいことなどせず、見合った働きをした人には払う、そうでない人には払わないと、シンプルな評価で誰にでも分かりやすくするほうがよほど重要です。

それから一見育成に見えないけれど、遊びを取り入れることがとても大切だと考えています。しっかりと遊んでいる姿を見せるというのも大事なことだと感じており、私は№2と、平日に休んで釣りに行くことがあります。初めは純粋に釣りを楽しむつもりで出かけるのですが、釣りを楽しんでいる間に、会話がいつのまにか事業の構想になっていたり、利用者を楽しませる釣りに行くことになったり、釣り人との交流が仕事の紹介につながったりと、どんな時間でも仕事につながる何かが拾えるものです。従業員に対しても、自分を大事に、面白い・楽しいことを見つけて、自分の時間を充実したものにしてほしいといつも伝えています。

遊びは遊び、仕事は仕事と切り分けたい人が多いかもしれませんが、もし誰かが、「釣りで出会った人から仕事につながったから、こないだの釣りの時間を勤務にしてほしい」と言ってきたときに、喜んで応じられるようにしておきたいと思っています。

専門コンサルタントを頼るのも決断の一つ

ここまで2040年問題に向けてあれこれとお伝えしてきましたが、もし皆さんの事業所で、介護の業務に手間取り、運営面にエネルギーを割くことができないでいる場合は、専門家を頼るのも選択肢の一つに入れておくことが大切です。なにもしないままでずるずると2025年・2040年を迎えるより、よほど建設的です。

外部に委託することにより、悩ましい業務から解放されるだけでなく、第三者の客観的な視点で現状へのアドバイスを受けられる、広い視点、新しい知見を取り入れられる、研修などで第三者をヒール役にして従業員や管理職、幹部へ厳しい指導がしやすくなる（身内だからと甘えられない分、素直に意見を取り入れることができる）など、さまざまなメリットがあります。

投資する先を見誤らないためのスキルを身につけることも、これからの多難な時代を乗り切るためには必要です。

紹介者を裏切らない信頼関係が良質な人材確保の近道

介護職の採用のハードルが下がりやすいということは、現在雇用されている人たちも、有利な条件が提示されたら簡単に乗り換える可能性があることを示しています。介護保険制度に「守られた」職業ですから、事業全体で得られる利益に差がつきにくく、当然職員に対して支払われる給与も、似たりよったりになります。職員の市場が成熟してしまっていて、どこに行っても募集をかけているところがあるわけです。

一方で、これは採用側の立場で考えても同じことがいえます。介護業界は人手不足だという流れを受け、介護の資格を取得してしっかり稼ごうと、養成学校から案内が入ります。実際ハローワークに行ってみれば常にどこかが求人を出しているので、需要があるのだなと資格を取りに学校に通うわけです。こうして大量の求職者が出来上がります。労働市場は需要と供給のバランスで給与その他が決まります。求職者が多くなれば給与の相場が下がります。転職を繰り返してもキャリアアップにつながることはあまり期待できません。資格を取るなら専門性の高さを国の省庁が認定した国家資格です。国家資格を保持していれば専門職として採用され、給与のベースアップにもつながるはずです。

採用する側もされる側も、自らの立場が不利にならないよう気をつけたいところです。

また、生産年齢人口の減少は全国で発生しますから、人材難は介護事業者に限らず、あらゆる業態の企業・団体で起きる社会的課題となっていきます。当然ながら、どの組織もあの手この手で人を集めようとするに違いありません。

しかし一方で、採用側としてもただやみくもに人を集めればいいということではないので、きちんと採用する人材がどの部署に適しているか、どういった働き方をしてもらうのがいいのかといったミスマッチを未然に防ぐ取り組みも進めていく必要があります。雇用条件で甘言を並べ、自由に休めて働きやすい職場だと言っていたのに、入職してみたら上司に否定された、簡単な作業だと言っていたのに高度な専門技術を要求された、説明にあったところと異なる現場に行かされたなど、採用時の説明と入職後の現状とが異なると従業員のモチベーションが維持できず、すぐに辞めていきます。極端な場合はその場で辞めてしまい、嘘つきの事務所だと烙印を押され、ソーシャルネットワークで情報を拡散されてしまう恐れもあります。これが厄介で、一度風評がたつと情報が独り歩きし、信頼を回復するのは容易ではありません。現に私の会社のWEB情報にも不本意な書き込みがあり、警察にて書き込みした方の特定を行ったことがあります。

採用はたいていハローワークといくつかの紹介会社とに求人を出す形で進めますが、紹介会社が最も困るのが、雇用条件の齟齬《そご》だといいます。裏表のある企業はお断り、というわけです。どうやって見分けているかというと、その指標が採用した職員の定着率です。紹介会社にしても、自分たちの信用問題がありますから、定着率の良い企業に良い人材を紹介したいと考えています。独自のネットワークで求人企業の分析をしたり、情報交換し合ったりして採用時の信頼度の精度を上げています。

こうした紹介会社への対処法はシンプルで、すべてを正直に伝えることです。どんな待遇なのかを具体的な数値で表し、実施した事実を示す。現場で起きる可能性のある不利な条件も並べる。導入した制度の実施率、有給の消化率、採用から数年の従業員の離職率を出す。入職して働き始めたらすぐに分かってしまうことは、採用条件の提示の際にすべて正直に出してしまうのです。

人材の確保も、集客・営業と同じです。相手をリスペクトする正直な姿勢が、信頼関係を生み出し、定着率を伸ばします。紹介会社は定着率の高いところへ良い人材を回そうとしてくれます。こちらが求める人物像をよく理解し、適切な人を探してくれるわけです。

裏表のない正直な態度が良い循環となり、採用難の時代を乗り切る王道をつくっていくのです。

おわりに

新型コロナウイルス感染症（COVID-19）の分類が、いよいよ5類へと移行します。2019年の秋に最初の発症例が確認されて以来、4年という長期にわたって、ウイルスに翻弄されてきました。会社を設立したのが2015年、創業から8年間のうち後半4年はずっとコロナウイルスと一緒にいたわけです。でも、悪いことばかりではなかったと感じています。ちょうどその前の創業3年目の頃は、児童放課後等デイサービスや通所介護サービスなどの事業の急激な拡大と本社建設で、職員が居着かずに入れ替わりが激しくて、ボロボロに疲れてしまっていました。パンデミックにより営業がほとんどできなくなって時間ができ、ちょうど良い、これを内省の機会にしようと考えました。そこで、社内の声を幹部会議やアンケートで可視化して、社内の体質改善を試みました。

ちょうどこの時期の2020年に、私の右腕となる№2、石井の存在を得ることができました。そこからはずっと二人三脚で、介護事業の未来像を語ったり、激論を交わしたり（大喧嘩したこともしばしばあります）、釣りやゴルフで遊んだり、飲みに行って大喧嘩したりと、組織の大手術を行いました。

　また、石井を№2として迎えたことによって、弟の存在をより身近に感じられるようにもなりました。10歳年下の私の弟も、理学療法士として会社設立当初からがむしゃらに努力し、会社とともに成長し続けてくれていることをうれしく思います。

　お陰さまでコロナ禍にもかかわらず、2020年、2021年と新規事業所を開設し、順調に事業拡大を進めることができています。仲間8人で設立に奔走し、がむしゃらに営業して半年で3000万円を売り上げたとガッツポーズしていた創業年から8年後の今、6カ所の拠点と70人の従業員を要する組織となり、売上高は5億円をうかがうまでになりました。また、この実績を評価してくださった介護業界の事業者の方々から相談を受けるようになり、コンサルティングの声を掛けていただけるようにもなりました。

　急激な組織拡大で見えてきたのが、介護ビジネス特有の甘えた構造と、介護業界を巡る厳しい未来像でした。保険制度に守られぬくぬくと温室育ちの介護サービスが、超々高齢化・多死・縮小社会という三重苦の未来のなかでどうやって生き残っていけるのか。介護サービスは地域のなかで生かされ、他の機関と影響し合いながら展開するものです。私たちだけが生き残れるものではないのです。この危機感を皆で分かち合い、地域のなかで共振させていかなければ、介護の未来はありません。なんとかしないといけない。そんな思いを本書に託しました。

そして、執筆して改めて、日本の介護業界がおかれた状況に戦慄しています。2025年、2040年、2055年と待ったなしの状況なのに、茹でガエルのように誰も危機感をもっていない。特に、介護のようにエッセンシャルな仕事であれば、国が青天井で対策を考えてくれるといわんばかりの運営の稚拙さが目につきます。いたずらに恐怖心をあおりたいわけではないのですが、2025年問題が目前に迫るなか、介護ビジネスの生き残りをかけて行動を起こすのは今しかありません。

どうか、多くの事業者の皆さんがあとに続いてくださることを、願っています。

島田雄宇（しまだ ゆう）
株式会社あかね代表取締役
理学療法士

兵庫県淡路島生まれ。3歳離れた妹に重度の脳性麻痺があり、幼い頃から介護に携わる。2000年に理学療法士国家資格を取得し、兵庫県内の複数の県立病院勤務を経て、2015年に10歳年下の弟とともに株式会社あかねを設立。社名である「あかね」は妹の名前に由来する。

2014年発行『VFなしでできる！摂食・嚥下障害のフィジカルアセスメント：評価から食事介助の進め方』（日総研出版）の執筆に協力。また、摂食嚥下訓練や嚥下機能をサポートする3Dポジショニングピロー「LEA.Pad（リーパッド）」の発案および共同研究者として開発に携わった。

本書についての
ご意見・ご感想はコチラ

2040年問題を乗り越える介護事業経営

二〇二三年五月三一日 第一刷発行

著　者　島田雄宇
発行人　久保田貴幸
発行元　株式会社 幻冬舎メディアコンサルティング
〒一五一-〇〇五一 東京都渋谷区千駄ヶ谷四-九-七
電話 〇三-五四一一-六四四〇（編集）
発売元　株式会社 幻冬舎
〒一五一-〇〇五一 東京都渋谷区千駄ヶ谷四-九-七
電話 〇三-五四一一-六二二二（営業）
印刷・製本　中央精版印刷株式会社
装　丁　村上次郎

検印廃止

Printed in Japan ISBN 978-4-344-94676-7 C0034
幻冬舎メディアコンサルティングHP https://www.gentosha-mc.com/